TEE

EINE KLEINE KULINARISCHE ANTHOLOGIE

Herausgegeben von
Evelyne Polt-Heinzl
und Christine Schmidjell

PHILIPP RECLAM JUN. STUTTGART

Mit 15 Abbildungen

Universal-Bibliothek Nr. 18205

Umschlaggestaltung: Günter Jacki, Stuttgart
Satz: Lihs, Satz und Repro, Ludwigsburg
Druck und Bindung: Franz Spiegel Buch GmbH, Ulm
Printed in Germany 1998
RECLAM und UNIVERSAL-BIBLIOTHEK sind eingetragene Marken
der Philipp Reclam jun. GmbH & Co., Stuttgart
ISBN 3-15-018205-0

TEE

INHALT

I. TEETRADITIONEN

1. Magie des Tees

2. Tee ist ein Kunstwerk

3. Tee und Landschaften

2. Praktisches

Dieses Lesebuch zum Tee will zu einer Reise einladen auf den Spuren der vielfältigen Tee-Wege quer durch Zeiten und Kulturen, und auch auf der Suche nach den Stimmungen und Phantasien, die sich mit einer genießerisch getrunkenen Tasse Tee verbinden lassen.

Die Magie des Tees wurzelt in den Traditionen des chinesischen Kaiserreiches. Am Ursprung des Tee-Weges steht eine enge Verschränkung von Götter- und Herrschaftsgeschichte, von Kulturhistorie und Lebensphilosophie, die ihren Ausdruck in zwei Tee-Legenden aus dem 3. Jahrtausend v. Chr. gefunden hat. Beiden gemeinsam ist das zufällige Auffinden des Teestrauches als Ausdruck göttlicher Gnade und die Entdeckung der Teezubereitung als segensreiche Tat für die Menschheit. Mit überschwenglichem Enthusiasmus preist die chinesische Teelyrik die Annäherung an den »Horaisan« – das chinesische Elysium – durch das zeremonielle Teetrinken.

Japan ist das zweite fernöstliche Land des Tees. Obwohl Tee erst verhältnismäßig spät – im 1. Jahrhundert v. Chr. – durch buddhistische Mönche nach Japan gelangte, erreichte das Teetrinken hier eine besondere Hochblüte. »Chanoyu«, die im 15. Jahrhundert n. Chr. von Zen-Buddhisten entwickelte und bis heute praktizierte Teezeremonie, gründet auf der Verehrung von Schönheit, Reinheit und Harmonie: Teetrinken als Weg zu inneren Erleuchtung.

Wie bunt und variantenreich im geschichtlichen Ablauf die Wechselwirkung zwischen Volkskultur und Teekultur ist, zeigt ein Streifzug durch unterschiedlichste

Länder und Landschaften quer durch die Kontinente. Die Zubereitung des tibetanischen Yakbutter-Tees, der allgegenwärtige Samowar in Rußland, die Pfefferminztee trinkenden Männerrunden im Maghreb und der mitunter starre Ritus des »Lets have a nice cup of tea« in den anglophonen Ländern – all diese regional ausgeprägten und verwurzelten Bräuche sind von der Grundphilosophie des Tees durchdrungen: Seine Zubereitung erfordert immer Handhabung durch den Menschen und hat so unverwechselbare Prägungen und Traditionen im Leben der Menschen hinterlassen.

Dazu gehört nicht zuletzt die Ausdifferenzierung der Teegerätschaften. Seit dem Alten China hat sich die Porzellanmanufaktur darauf spezialisiert, den Teegenuß durch immer feineres Geschirr zu optimieren. Von hier erklärt sich im übrigen auch die englische Art, Tee zu trinken: das »milk in first«, dieses »Wölkchen« im Tee (Marcel Proust), hatte ursprünglich den praktischen Grund, das empfindliche chinesische Porzellan vor Rissen durch den heißen Tee zu bewahren.

*

Teegenüssen vielerlei Art werden Sie im zweiten Abschnitt begegnen. Nachdem der Tee 1610 erstmals nach Holland gelangt war und von hier aus ganz Europa erobert hatte, entwickelte er sich von einer nur in Apotheken erhältlichen Medizin und einer kostbaren Rarität der höfischen Gesellschaft zu einem erschwinglichen Volksgetränk und damit zu einem echten Ersatz für die flüssige Nahrung der Armen, das Bier. Die ungezählten Funktionen, die dem Tee nach und nach zugeschrieben

wurden – Tee als Medikament, Tee als Exotikum, Tee als kulinarisches Zentrum gesellschaftlicher Zusammenkünfte, Tee als Ernüchterer, Tee als Aphrodisiakum … – sind auch in literarischen Texten aller teetrinkenden Nationen zahlreich aufzufinden.

Es müssen keinesfalls dreißig hintereinander getrunkene Tassen Tee sein, von denen Montesquieu in einem Reisebericht aus der Frühzeit des Teetrinkens berichtet, die zur rechten Teefreude führen. Bisweilen begegnet einem das kleine Glück bereits bei einer einzigen Tasse Tee und entspannter Lektüre (Marlen Haushofer) oder einem Tee à deux (wie in der Operette von Franz Lehár). Gemeinsam ist den Teegenießern eine gewisse Obsession, deren Neigung zum Zeremoniellen auch zu ironischen Verfremdungen Anlaß gibt (Heinrich Heine, Lewis Caroll). Und mitunter kann die anregende Wirkung des Tees auch ins Halluzinatorische kippen, wenn ein gewisses Etwas dem Tee beigemengt wurde (Friedrich Glauser). Weit ist es dann nicht mehr zu jenen Vorkommnissen, bei denen in der Regel Sherlock Holmes oder Miß Marple zu Rate gezogen werden, es sei denn, … aber lesen Sie selbst nach bei Claire Goll.

*

Wissenswertes rund um den Tee stellt der letzte Teil all jenen zur Verfügung, die nach einem ausgiebigen Spaziergang durch die unterschiedlichen Teewelten Faktisches, Praktisches und auch Statistisches für den ganz persönlichen Teeweg suchen. Neben Informationen zur Teepflanze, ihren Anbaugebieten und ihrer Verarbeitung finden Sie Tips zur perfekten Teezubereitung

und Hilfestellungen, wenn die Tasse Tee nicht so recht schmecken will. Vielleicht stellt sich dabei sogar Lust ein, eines der Teemixgetränke vom Grog bis zum Krambambuli oder auch einen Schönheitstee auszuprobieren.

Evelyne Polt-Heinzl & Christine Schmidjell

I. TEETRADITIONEN

1. Magie des Tees

Medizin war der Tee zuerst, Getränk wurde er danach.

Kakuzo Okakura

Jedes Teeblatt birgt in sich die Erinnerung an seine Heimaterde [...] und jede Tasse Tee ist eine Einladung zu einer Reise. Allein schon der Name der verschiedenen Teeanbaugebiete ist eine Verlockung, dorthin aufzubrechen, und die Namen der Teegärten sind es noch viel mehr. Viele von uns haben schon einmal nach einem bestimmten Tee gegriffen, nur weil der exotische Name auf einer buntbemalten Blechbüchse im Regal des Teegeschäftes so verlockend war. Das wissen im übrigen die Teehändler sehr genau, denn sie erfinden für ihre Hausmarken und für einige der neu importierten Mischungen wahre Märchennamen. [...]

Die Magie der Worte ist eine der Verlockungen des Tees.

Catherine Donzel

TAU, DER LEICHT UND LIND VOM HIMMEL FÄLLT
ZWEI TEE-LEGENDEN

Es trug sich vor langer Zeit zu, noch vor der Aera der Fünf Herrscher, die jener der berühmten Drei Dynastien voranging. Es war, frei herausgesagt, das Goldene Zeitalter der Drei Erhabenen. Eben war die Erde erschaffen

worden, und es herrschten Götter als Kaiser. Der letzte dieser Drei Erhabenen hieß Shen Nung. Er trug den Kopf eines Ochsen auf einem Menschenkörper, was allein schon ein augenfälliges Zeichen seiner Göttlichkeit gewesen wäre, und er war bestrebt, das Los der Erdenbürger zu verbessern. Also erfand er den Ackerbau mit den fünf ertragreichsten Getreidearten: Weizen, Reis, Hirse, Sorghum und Soja. Jahr für Jahr säte er selbst vor versammeltem Volk aus. Die Freude darüber war groß. Dennoch war Shen Nung nicht restlos zufrieden; für die Feldarbeit mußte man gesund und bei Kräften sein. Also erfand der Kaiser Heilkunst und Medizin; und befahl in seiner großen Fürsorge seinen Untertanen, Wasser vor dem Trinken abzukochen, denn man muß wissen, daß zur Zeit der Erhabenen Wasser das einzige Getränk war.

Eines Tages, es war sehr heiß, lagerte Shen Nung im Schatten eines Strauchs. Er war durstig und kochte, dem neuen Brauche folgend, ein wenig Wasser ab. Plötzlich erhob sich eine erfrischende Brise und ließ die Blätter des Strauches freudig erschauern. Der Erhabene fühlte sich, der Eingebung des Augenblicks folgend, zu ein paar Versen gedrängt. Da lösten sich drei Blätter vom Strauch, wirbelten durch die Luft und fielen in das kochende Wasser. Shen Nung wartete ein wenig und führte dann, neugierig geworden, das aus dem Zufall geborene Getränk an die Lippen. Nie noch hatte er solches Labsal gekostet! Der wilde, namenlose Strauch, in dessen Schatten der letzte der Erhabenen zu lagern geruht hatte, wurde so zum Teestrauch.

*

Es war einmal ein indischer Prinz namens Dharma, über dessen Wiege sich die Götter gebeugt hatten. Er war so schön, daß alle Prinzessinnen am Hof von ihm träumten; sein Verständnis für die heiligen Schriften entzückte die alten Mönche, und so groß war seine Konzentrationskraft, daß er stundenlang wachbleiben konnte. Jedoch zum Kummer seiner Eltern beschloß Dharma, all diese Eigenschaften in den Dienst der buddhistischen Lehre zu stellen, und machte sich nach China und Japan auf. Eines Tages, erschöpft von vielen durchwachten Nächten, übermannte ihn plötzlich am Straßenrand der Schlaf. Als er erwachte, war er verzweifelt wegen der großen Sünde, die er begangen hatte, schnitt sich vor Zorn die Wimpern ab und vergrub sie am Wegrand.

Lange Zeit danach kam der Prinz wieder dort vorbei; genau an der Stelle, wo er seine Wimpern vergraben hatte, stand nun ein Strauch. Dharma kostete die fremdartig schmeckenden Blätter und merkte, daß sie die Eigenschaft hatten, den Geist wach zu halten. Es war der Teestrauch. Seit jener Zeit ziehen die Mönche die kostbare Pflanze in den Gärten, die sie rund um ihre Tempel anlegen.

LO-TUNG

SIEBEN TASSEN TEE

Die erste Tasse netzt mir Lippen und Kehle.
Die zweite verscheucht meine Einsamkeit,
die dritte durchdringt mein unfruchtbares Innere,
um darin nichts weiter als einige fünftausend
Bände wunderlicher Ideogramme zu finden.
Die vierte Tasse erregt einen leichten Schweiß,
– alles Schlechte des Lebens schwindet durch
meine Poren dahin.
Bei der fünften Tasse bin ich geläutert;
die sechste ruft mich ins Reich des Unvergänglichen.
Die siebente Tasse, – ah, aber ich kann nicht
weitertrinken. Ich fühle nur den kühlen Windhauch,
der sich in meinen Ärmeln fängt. Der Horaisan,
wo liegt er? Laßt mich mit diesem lieblichen
Windhauch segeln und dorthin schweben!

2. Tee ist ein Kunstwerk

Tee ist ein Kunstwerk und braucht eines Meisters Hand, um seine edelsten Eigenschaften zu offenbaren. Wir haben guten und schlechten Tee, wie wir gute und schlechte Gemälde haben – gewöhnlich schlechte. Es gibt kein einziges Rezept, den Tee vollendet zu bereiten, ebenso wie es keine Regeln gibt, einen Tizian oder einen Sesso zu malen. Jede Zubereitung der Blätter hat ihre Eigenheit, ihr besonderes Verhältnis zu Wasser und Wärme, sie trägt bestimmte Erinnerungen mit sich und hat ihre eigene Art, eine Geschichte zu erzählen.

Kakuzo Okakura

PETER MARTIN URTEL

CHINESISCHER TEE – GEKOCHT, GESCHLAGEN, GEBRÜHT

Drei große Perioden der Teebereitung sind deutlich zu unterscheiden: die des gekochten, des geschlagenen und des gebrühten Tees.

Noch bis in die Mitte des 9. Jahrhunderts wurden die grünen Blätter frisch vom Strauch in einem Mörser zerstoßen und zu einem Kuchen geformt. Mit Gewürzen, Ingwer, Reis, Salz, Apfelsinenschalen, Milch, ja sogar mit Zwiebeln wurden Brocken dieses Kuchens durchgekocht und diese dicke Brühe getrunken. In manchen Gegenden von Tibet macht man das noch heute so. Auch die Vorliebe der Russen für Zitronenscheiben

Das Tee-Buch des Lu Yu, 8. Jahrhundert

im Tee mag noch ein Restchen dieser uralten Methode sein. [...]

Die hohe Zeit des chinesischen »Teeismus« in der Sung-Dynastie mag man als die zweite wesentliche Periode der Teebereitung bezeichnen: die Zeit des geschlagenen Pulvertees.

Die Teeblätter wurden in einer kleinen Steinschale zu Pulver zermahlen und mit einem winzigen Besen aus gespaltenem Bambus staubfein geschlagen. Salz zum Tee gab es nicht mehr. Die allgemeine Begeisterung der Sung-Zeit für den Tee kannte keine Grenzen. Die glanzvollste Epoche chinesischer Tee-Kultur brach an. Feinschmecker veranstalteten wahre Turniere, auf denen die

Güte neugezüchteter Teesorten diskutiert wurde. Man sprach von der nicht zu verletzenden Reinheit des Tees wie von einem hohen Symbol. Er wurde – weit über poetischen Zeitvertreib hinaus – ein Mittel zur Selbsterkenntnis.

Damals bildeten sich unter den Zen-Buddhisten die ersten sublimen Tee-Rituale. Die Mönche pflegten sich vor dem Bilde Buddhas zu versammeln und dort aus einer großen Schale gemeinsam den Tee zu sich zu nehmen – mit der ganzen Feierlichkeit eines heiligen Sakramentes. Aus diesem chinesischen Zen-Ritual entstand schließlich die japanische Tee-Zeremonie des 15. Jahrhunderts.

Die hochentwickelte Kultur der Sung-Dynastie (und damit die Blüte des chinesischen Teeismus) fiel im 13. Jahrhundert dem Einbruch der mongolischen Stämme zum Opfer, der die Verwüstung Chinas zur Folge hatte und mit seiner Unterwerfung und Unterdrückung durch die barbarische Herrschaft der Yüan-Kaiser endete.

In den Unruhen und Wirren der Ming-Zeit und während der Fremdherrschaft der Mandschu wurde der Pulvertee vergessen.

Seit diesen fernen Tagen der Mandschu trinken auch die Chinesen gebrühten Tee – wie wir und alle Welt.

HSÜ TZÊ-SHU

CH'A SHU – EIN TEEHANDBUCH AUS DER MING-ZEIT

Das Aufgießen: Die Utensilien müssen vollkommen sauber sein. Man breite sie auf dem Tisch aus. Der Deckel der Teekanne muß mit der Innenseite nach oben oder aber auf einer Untertasse liegen. Die Innenseite darf nicht mit dem Tisch in Berührung kommen, da der Geruch von Lack oder Speiseresten den Geschmack des Tees verderben würde. Sobald das kochende Wasser in die Kanne gegossen worden ist, nimmt man einige Teeblätter und wirft sie hinein. Dann wird der Deckel aufgesetzt. Man wartet so lange, wie es dauert, dreimal ein- und auszuatmen, ehe man den Tee in die Tassen gießt, wonach man ihn umgehend wieder zurück in die Teekanne gießt, um auf diese Weise das Aroma freizugeben. Man wartet nochmals drei Atemzüge lang, damit die Blätter sich setzen können, und schenkt den Tee dann den Gästen ein. Bei dieser Methode wird der Tee sehr frisch und hocharomatisch schmecken. Seine Wirkung wird das Wohlbefinden fördern, Müdigkeit bannen und den Geist beleben.

Das Trinken: Eine Kanne mit Tee sollte nicht mehr als einmal aufgefüllt werden. Der erste Aufguß wird köstlich frisch schmecken, der zweite einen angenehmen und reinen Geschmack haben; ein dritter jedoch wäre nicht genießbar. Deshalb sollte auch nicht zu viel Wasser im Kessel sein. Es sollte jedoch noch Wasser übrigbleiben, um etwas davon nach dem zweiten Aufguß auf die Teeblätter zu gießen, da diese weiterhin einen angenehmen Duft verbreiten und der Aufguß später dazu

benutzt werden kann, um nach dem Essen den Mund zu spülen.

Die Gäste: Sind die Gäste in lärmender Stimmung, sollte man ihnen lieber Wein zu trinken geben; sollten sie dann berauscht sein, könnte man ihnen ganz gewöhnlichen Tee reichen. Nur wenn man Gäste geladen hat, die man besonders schätzt, eben jene guten Freunde, mit denen man ruhig und ohne jede Formalität über alles und jedes sprechen kann, sollte man dem Diener auftragen, das Öfchen zu bringen, Wasser zu holen und Tee zuzubereiten. Wie zwanglos dabei vorzugehen ist, hängt von der Zahl der Gäste ab.

HORST HAMMITZSCH

CHANOYU – DIE JAPANISCHE TEEZEREMONIE

Ich folge dem Pfad, und er führt zu einer einfachen, schindelgedeckten Hütte, die sich eng einem Bambushain anschmiegt. Dunkelgrünes Moos quillt zwischen den Schindeln hervor. Eine verschwiegene Heimlichkeit atmet der Platz. Ich bin der erste Gast, der dieses Wartehäuslein – *machiai* – betritt. Hier werde ich mit den anderen Gästen, die mein Freund, der Tee-Meister, geladen hat, zusammentreffen, um dann gemeinsam die Tee-Zeremonie, *chanoyu,* zu erleben. [...]

Noch ein paar Schritte nur, und da – ich muß verweilen – welch ein Zusammenklang von Kunst und Natur, welch eine unvollkommen-vollkommene Einheit! Da steht er, der *chashitsu,* der Tee-Raum. Ausdruck eines unbenennbaren Geschmacks: kunstvoll und doch nicht

künstlich, bewußt erschaffen und doch so rein in seiner Form und so natürlich in seinem Material, daß es dem Auge fast unglaubhaft erscheint. Kann menschlicher Schöpfergeist ein so naturgewachsenes Werk erschaffen? Man könnte den Tee-Raum eine Hütte nennen, wenn er nicht diese außerordentliche Feinheit des Geschmacks zeigte. Ein Strohdach, tief herabgezogen, dick bemoost. Die Dachtraufe – ein halbiertes Bambusrohr. Die Wände halb mit Schilfgeflecht verkleidet, halb mit Lehm beworfen. Der Eingang eine niedere Schiebetür mit Reispapier von makelloser Weiße bespannt. Davor der Schwellenstein.

Gebückt schlüpfe ich in den Tee-Raum, schreite langsam auf die Bildnische – *tokonoma* – zu, die der Tür schräg gegenüber liegt, lasse mich davor auf die Knie nieder und verbeuge mich tief nach dem Boden hin. Dann betrachte ich die in der Nische stehende Blumenanordnung. In einer Bambusvase ein Zweig roter Beeren vor herbstlich gefärbtem Laub, an dem noch, Tautropfen gleich, Wasserperlen hängen. Danach verbeuge ich mich wieder leicht, erhebe mich und suche mir meinen Platz neben dem vor mir gekommenen Gast. Die Gäste sitzen mit dem Rücken gegen die mit weißem Reispapier bespannten Schiebetüren, die den Tee-Raum nach dem Garten zu abschließen.

Der Gastgeber erscheint erst, wenn die Gäste vollzählig versammelt sind. So bleibt mir Muße, den Raum zu betrachten. Vier und eine halbe *tatami*, mit einem feinen Binsenbezug abgedeckte Reisstrohmatten, bedecken den Fußboden und normen gleichzeitig die Größe des Tee-Raums auf ungefähr drei Meter im Quadrat. Die Blumen in der *tokonoma* bilden den einzigen Schmuck. In

der Mitte des Raumes ist ein Stück *tatami* ausgespart. Dort befindet sich die mit dunklem Holz eingefaßte Feuergrube. Ein Kegel fein zusammengebürsteter Asche verhüllt darin zur Hälfte die glühenden Holzkohlen. Auf einem Dreifuß steht ein schwerer eiserner Kessel über dem Feuer, dessen Farbton ein hohes Alter verrät. Auf einem kleinen Standbrett sehe ich einen Weihrauchbehälter und einen kleine Fegefeder liegen. Sonst ist der Raum schmucklos. Es sei denn, man betrachtet die gewählte Maserung des Holzwerks, das die dunklen Wandflächen abteilt, und die hölzerne Deckenverkleidung als Schmuck.

Als wir Gäste eine leise Unterhaltung beginnen, ein Zeichen, daß wir mit unseren Betrachtungen zu einem Ende gekommen sind, betritt der Gastgeber den Tee-Raum. Er kommt durch eine Schiebetür, welche den der Vorbereitung zur Tee-Zeremonie dienenden Raum, den *mizuya,* abtrennt, herein. Niederkniend verneigt er sich tief vor seinen Gästen. Dann verschwindet er wieder durch die Tür, um sofort mit verschiedenem Gerät, einem Korb mit Holzkohle, Aufheberingen, den Kessel vom Feuer zu heben, und anderen Dingen wiederzukehren. Auch eine Schale, welche feine Asche enthält, bringt er herein. Dann läßt er sich an der Feuergrube nieder, hebt den Kessel vom Feuer, richtet das Feuer neu und häuft von der Asche um die Kohlen auf. Auch Weihrauch streut er in das Feuer. Wir alle sind während seines Tuns näher an die Feuerstelle herangerückt und haben aufmerksam zugeschaut. Nun begeben wir uns auf unsere alten Plätze zurück. Der Hauptgast bittet den Tee-Meister, das Weihrauchgefäß näher betrachten zu dürfen. Dieser bringt das Gefäß zum Platz des Gastes

und setzt es bedachtsam auf sein *fukusa,* ein kleines, braunseidenes Tuch, nieder. Dieses Tuch spielt bei der Betrachtung von Teegerät als Unterlage eine wichtige Rolle. Der Hauptgast entfaltet sein eigens *fukusa,* es zeigt sattes Lila, und nimmt das Gefäß auf sein Tuch herüber. Dann betrachtet er es eingehend, und anschließend geht es von Gast zu Gast, bis der letzte es dem Gastgeber dankend zurückreicht. Dieser begibt sich wieder in den *mizuya,* um nach seiner Rückkehr anzukündigen, daß das »einfache Mahl« nunmehr aufgetragen wird. Fünfmal bringt er je ein einzelnes Tablett, einem jeden Gast der Reihe nach eins. Die Zahl der Gänge ist geringer als bei einem der üblichen japanischen Festmähler, aber dafür sind die Speisen von ausgewählterer Qualität und mit feinstem Geschmack angerichtet. Auch das Eßgeschirr verrät einen erlesenen Geschmack. Mit einer leichten Verbeugung empfangen wir die Tabletts und nehmen sie mit beiden Händen vom Gastgeber entgegen. Das Getränk ist heißer *sake,* Reiswein. Zum Abschluß werden Süßigkeiten gereicht. Damit ist das Tee-Mahl, *kaiseki,* beendet. Mit einer Verbeugung bittet der Gastgeber seine Gäste, sich ein wenig auszuruhen, und zieht sich zurück. Wir verlassen in der gleichen Reihenfolge unseres Kommens den Tee-Raum, nachdem wir uns nochmals vor der *tokonoma* verneigt haben, und begeben uns nach dem Wartehäuslein zurück. [...]

Wenn alle Gäste anwesend sind, erscheint der Tee-Meister. Er trägt mit beiden Händen die Teeschale. In der Teeschale liegt der *chasen,* der Teeschläger, ein aus Bambus gearbeiteter Pinsel, und das *chakin,* ein weißes, schmales Leinentuch. Quer über der Teeschale liegt

der Teelöffel, *chashaku*. Beim zweiten Hinausgehen bringt er einen Wasserbehälter für gebrauchtes Wasser, *koboshi*, die Wasserschöpfkelle, *hishaku*, und die Deckelstütze, *futa'oki*, für den heißen Deckel des Wasserkessels. Der Teeschläger, das weiße Leinentuch und die Wasserschöpfkelle sind neu und leuchtend frisch. Das andere Teegerät weist ein hohes Alter auf und zeugt von einem hochentwickelten künstlerischen Geschmack. Der Meister setzt sich in der vorgeschriebenen Haltung nieder, und die eigentliche Zeremonie beginnt. In einer genau festgelegten Folge von Handgriffen und Bewegungen werden die einzelnen Geschehnisse in ihrer Aufeinanderfolge ausgeführt. Das Falten des Teetuches, das Halten des Wasserschöpfers, das Ausspülen der Teeschale mit heißem Wasser, das Öffnen der Teebüchse, das Abklopfen des Teelöffels, die Bewegungen des Teeschlagens – traditionell ist all dies festgelegt und wird streng nach den Regeln der jeweiligen Schule vollendet.

Während sich der Gastgeber der ersten Zubereitung zuwendet, nimmt der erste Gast von den angebotenen süßen Kuchen und reicht den Kuchenbehälter in vorgeschriebener Form an den nächsten Gast weiter. Dann stellt der Gastgeber die Schale mit dem geschlagenen, dicken grünen Tee vor dem Gast nieder. Es folgen gegenseitige Verneigungen und auch eine solche des ersten Gastes gegen den neben ihm sitzenden nächsten, gleichsam Entschuldigung erbittend, daß er vor ihm trinkt. Erst dann nimmt er die Teeschale, stellt sie auf die Fläche der linken Hand und stützt sie mit der rechten. Er nimmt einen Schluck, einen zweiten und einen dritten, jedesmal die Schale leicht schwenkend. Mit einem dün-

Japanisches Teehaus, frühes 19. Jahrhundert

nen weißen Papier fährt er dann reinigend über die Stelle des Randes, von der er getrunken hat, und gibt die Schale dem nächsten Gast weiter, wobei wieder die nötigen Verbeugungen gewechselt werden. Und so geht es reihum. Man lobt den Geschmack des Tees, seine Stärke, seine Farbe und spricht von Dingen, die den Gastgeber mit Freude erfüllen. Jedwedes Gespräch im Tee-Raum verläuft fern von den Alltagsdingen. Man spricht von Malern, Dichtern, Tee-Meistern und ihren Werken, vom Geschmack und der Anschauung verschiedener Zeiten, von auserlesenem Teegerät. Ist die Zeremonie beendet, so bittet der erste Gast, das Teegerät besichtigen zu dürfen. Und nun beginnt eine ins einzelne gehende Besichtigung der Teeschale, der Teebüchse und des Teelöffels. Frage und Antwort geht zwischen Gästen und Gastgeber hin und her. Wir erkundigen uns nach der Herkunft und Geschichte des Teegeräts, nach dem Namen des Künstlers, der es schuf, denn ein jedes gute Stück hat seine ureigene Geschichte.

Die heute gebrauchte Teeschale ist eine einfache, elfenbeinfarbene Schale mit einer Überlaufglasur eines mattgrünen Tons. Erst als ich höre, daß sie schon seit zweihundert Jahren in der Familie ist, daß ein Vorfahr sie von seinem Lehnsherrn für eine denkwürdige Tat geschenkt erhielt, kann ich den Wert begreifen. Eine selten-schöne Lackarbeit stellt die Teebüchse dar. Der Wert des Teelöffels – ein einfacher, schmaler Bambuslöffel – bleibt mir noch verborgen.

Was blieb mir von dieser ersten Tee-Zeremonie? Sie ließ ein eigenes Gefühl entstehen und erinnerte mich an ein Erlebnis, das ich vor Jahren einmal in der Heimat hatte. Wir waren in Süddeutschland gewandert und be-

suchten eine der oft einen so eigenen Reiz besitzenden Dorfkirchen. Mit uns war ein Freund, Musiker von Beruf und Berufung. Er setzte sich an die Orgel und spielte Bach. Und plötzlich fühlte ich, wie die Musik die ganze Weite der Kirche erfüllte, wie der Raum schwand und nur noch die Flut der Töne vorhanden war. Auch ich war gleichsam aller Körperlichkeit entblößt, von der Musik aufgesogen. Hier hatte ich ein gleiches Erlebnis. Die Wirkung der Tee-Zeremonie war so stark, daß ein Gefühl der Selbstaufgabe, ein Gefühl des Eins-Seins mit allen anderen, ein Gefühl einer eigenen Zufriedenheit mit mir selbst und der Umwelt erwuchs …

SEN SÔEKI RIKYÛ

TEE-GEDICHT

Ob es vorhanden,
ob nicht, gutes Teegerät,
wie unwesentlich!
Der allein wahre Tee-Weg
bedarf nicht dieser Dinge.

Der Gartenpfad! –
Fern der vergänglichen Welt
bleibt er ein Weg uns,
warum nicht hier abschütteln
den Staub von unsren Herzen?

Des Tee-Wegs Urgrund:
Wasser sieden zu lassen,
Tee zu schlagen und
ihn zu trinken, – nicht mehr!
Man sollte dies wohl wissen.

Gartenpfad, Teeraum!
Der Gast und mit ihm sein Wirt
gemeinsam beim Tee,
ihr Wirken ist Harmonie,
und nichts steht zwischen ihnen.

3. Tee und Landschaften

Dann begann die Zeit der Wasserpfeifen und des Tees, und wenn die Sonne unterging, so war die Nacht für die Erzähler reserviert.

Rafik Schami

GILLES BROCHARD

HUNDERT VERSCHIEDENE KULTUREN

Außer Wasser wird nichts auf der Welt so viel getrunken wie Tee. Von China bis England, von Indien bis zu den Vereinigten Staaten, von Japan bis Marokko oder Frankreich und Deutschland sind Milliarden von Menschen Teetrinker, und der Tee prägte ganze Kulturen. Wenn heute auf der ganzen Welt jeden Tag fünfhundert Millionen Tassen oder Gläser Tee getrunken werden, so liegt dieser Erfolg des Tees darin, daß er sich den Menschen auf die verschiedenste Weise angepaßt hat.

Im Gegensatz zu den Softdrinks, die als Ergebnis ungeheurer Werbekampagnen die ganze Welt überschwemmen, hat der Tee niemals eine Kultur bedroht, und er ist niemals ein Zeichen von Uniformität gewesen. Ganz einfach deshalb, weil er kein fertiges Getränk ist, das man nur aus einer Verpackung zu nehmen braucht. Der Tee verlangt Zubereitung. Diese Zubereitung ist oft langwierig, sie bietet sich für Zeremonien an, und sie läßt Spielraum für neue Varianten. Verfolgt man den Weg vom heißen *Cha* mit Yakbutter zum Eistee mit Zitrone oder vom gequirlten *Matcha* zum *Tea with Milk,* trifft man unterwegs auf hundert verschiedene Kulturen.

HERBERT TICHY

TIBETANISCHER ZIEGELTEE

Tee spielt eine besondere Rolle im Leben der Mönche. Er wird in übergroßen, festgepreßten Ziegeln aus Szechuan eingeführt. Sie sind so hart, daß man sie in kleinere Stücke zersägt, die man dann noch mit der Axt oder einem starken Messer zerkleinert. Mitunter findet man fingerdicke Äste darin, und ein kultivierter Teetrinker aus Peking würde sich mit Entsetzen abwenden. Doch die Lamas sind keine kultivierten, wohl aber ausdauernde und begeisterte Teetrinker. Daher auch die Kanne mit ständig heißem Tee. Sie stand über einer kugelförmigen Schale aus Messing, die mit einer trockenen Mischung von Dung und Sägemehl gefüllt war. Einmal angezündet, glimmte diese Mischung langsam und gleichmäßig vierundzwanzig Stunden hindurch. Die Hitze war gerade stark genug, um den Tee ständig sehr heiß zu halten. Zu welcher Tages- oder Nachtstunde immer man trinken wollte, Tee stand ohne besondere Vorbereitung zur Verfügung. Er wurde nicht nur als Tee getrunken, sondern bildete auch den Grundstock für verschiedene Gerichte. Butter, Tsamba, getrocknete Milch und Käse wurden hineingemischt und getrunken oder gegessen, je nach dem Grad der Mischung.

Jen Sang, der von den Klöstern des Ostens winzige Kannen eines ständig frischgebrühten Tees gewohnt war, eines Tees, der durch Beimischung getrockneter Blüten einen besonderen Wohlgeschmack erhält, trank die graubraune Brühe Kumbums in zögernden Schlucken. Er litt.

PETER MARTIN URTEL

IM SAMOWAR SUMMT LEISE DAS WASSER

Wenn wir denken »Rußland« und dann denken »Tee«, bleibt uns gar nichts anderes übrig, als fortzufahren »Samowar« (der ›Selbstkocher‹). Gerechterweise müssen dann »Tschainik« und »Kipjatok« folgen. Zwei vertrauenerweckende Wörtchen – nicht? Nämlich: Tschainik, der Teekessel, und Kipjatok, das siedende Wasser. Lustig davon abgeleitet ist »Kipjatilnik«, das große Gefäß fürs Teewasser, das auf allen russischen Bahnstationen ständig bereitsteht.

Auf den Bahnstationen? Ja, Rußland ist groß. Rußland ist weit. Rußland hat Zeit. Viel Zeit. Die Fahrt ist lang. Der Wind ist kalt. Man wird Tee trinken. Väterchen wird sich auf der Station vom Kipjatilnik für einen Kopeken heißes Wasser holen – in seinem Tschainik. In der einen Tasche trägt er, in Papierchen eingewickelt, den Tee und auch sein Glas und in der anderen ein paar Stück groben Zucker. Nimm, Väterchen, beiß' ab, vom Zucker. Nimm einen Schluck heißen Tee. Laß Brüderchen Tee und Brüderchen Zucker im Mund nur so ein bißchen nebeneinanderhergehen. Trink', Mamuschka! Schlürf', altes Väterchen!

Die Holzkohle glüht. Im Samowar summt leise das Wasser. Oben darauf steht das Kesselchen mit dem Tee-Extrakt. Laß noch ziehen, Iwan Iwanowitsch. Kann nicht stark genug sein. Draußen ist's kalt. Gieß' aus dem Kännchen Tee-Essenz in dein Glas. So – nimm heiß' Wasser aus dem Samowar. Füll' auch das Kännchen auf, Brüderchen, man kann es immer wieder auffüllen. Extrakt ist schon von vorgestern. Macht nichts, ist immer

noch stark. Beiß' ein Stückchen Zucker ab. Heiß ist der Tee – sieh, wie er dampft! Trink', gutes Brüderchen!

Tee ist gut. Mit Tee, Brüderchen, kann man alles machen. Weißt du denn gar nichts davon, daß man ihn bei uns in Rußland sogar in ganz kleine runde Tabletten gepreßt hat und daß man damit bezahlen konnte wie mit richtigen Rubeln und Kopeken? Na, siehst du, das muß ich erzählen:

Tee ist leicht, und so ein Pfund braucht eine Menge Raum. Die Ballen bei den Teekarawanen, weißt du, durften nicht allzu groß sein, und das war wohl der Grund, den Tee zusammenzupressen; und da hat man

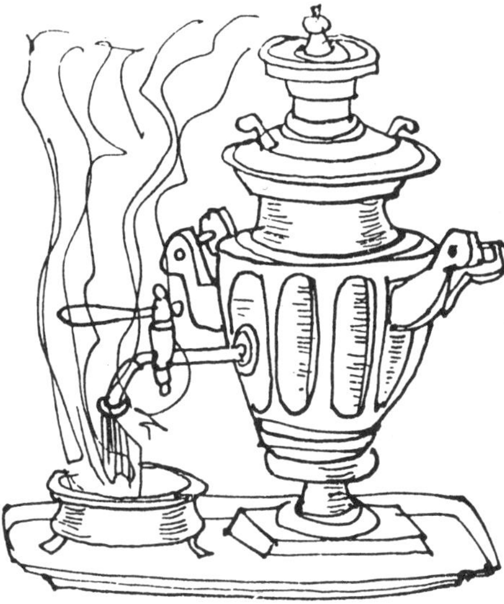

kurzerhand Teestaub und Teebruch in ganz feste Tabletten geformt, hart wie Holz, ach was sag' ich, wie Stein sollen sie gewesen sein. Damit hat man bezahlen können – wie mit richtigem Geld.

Auch der Ziegel- oder Würfeltee ist lange Zeit berühmt gewesen, vor allem in Tibet, aber auch hier bei uns. Den hat man aus ganz groben Teeblättern gemacht, die sonst niemand gewollt hat, verstehst du, und wenn ein bißchen Strauchwerk dazwischen geriet, hat es auch nichts gemacht. Man hat ihn geknetet, gewalzt und gedämpft, und mit Holzformen hat man Würfel daraus gemacht. Davon hat man viele zusammengepackt und in feuchtem Zustand in Felle gewickelt. Die feuchten Felle haben sich dann zusammengezogen und fertig waren die Tee-Ballen, und die Kulis und Kamele haben sie über die Berge geschleppt.

Warum trinkst du denn gar nicht, Brüderchen? Nun ja, bei Nastasia Filippowna in der Stadt geht's vornehmer zu. Sie stellt ein Schüsselchen Eingemachtes vor dich hin. Zu Tschai-marmeladon hat sie dich eingeladen. Ein Löffelchen voll nimmst du davon in den Mund – ah, Kirschen und Erdbeeren –, und dazu trinkst du den Tee!

Oder willst du etwa offizerski-Tschai trinken? Eh, das ist doch nichts: dünn und hell. Bei offizerski muß Tee lange reichen.

Wie ist es mit Tschai-so-sliwkami? Mit einem Löffelchen süßen Rahm zum Tee? Oder mit dickem Syrup? Ja, und Zitrone? Willst du denn nicht wenigstens Zitronenscheibchen?

Trink', Brüderchen, Tee kann man mit allem und jedem trinken!

GILLES BROCHARD

TEE IN NORDAFRIKA

In Ägypten trinkt man im allgemeinen einen indischen oder einen Ceylon Dust, ziemlich stark, mit sehr viel Zucker, aber ohne Milch. In den zahlreichen Cafés – in den Städten wie auf den Dörfern – ist es meist unmöglich, einen Softdrink oder ein Mineralwasser zu bekommen. Hier serviert man dem Gast auf einem Blechtablett ein Glas ungesüßten Tee zusammen mit einem Glas kaltem Wasser, einem winzigen Glas mit Zucker und einem kleinen Löffel. In Ausnahmefällen ist auch ein Glas mit Minzblättern dabei. Wie auch in vielen anderen Ländern wird hier dem vorbeikommenden Gast, sei es ein Verwandter, ein Freund oder ein Fremder, stets Tee angeboten. In den Hütten der Fellachen trinkt man ihn auf Strohmatten oder auf dem bloßen Boden sitzend. Das Wasser kommt aus dem Nil und wird zusammen mit dem Tee in einer Metallkanne auf einem kleinen Petroleumofen erhitzt. Der fertige Tee wird zunächst in das Glas gegossen, um es zu erwärmen, dann zurück in die Kanne geschüttet, um schließlich wieder ins Glas gegossen zu werden.

Im Gegensatz zu einer weitverbreiteten Meinung verbietet das islamische Gesetz dem Mohammedaner keineswegs, schwarzen Tee unter dem Vorwand zu trinken, es sei ein fermentiertes Getränk. Tatsächlich importieren und konsumieren die meisten mohammedanischen Länder, sei es Ägypten, Pakistan oder Saudi-Arabien, schwarzen Tee aus Indien und Ceylon. Es scheint, daß die beiden wichtigsten Importländer von grünem Tee in der moslemischen Welt, Marokko und Afghanistan, die-

sen lediglich aus Tradition und wegen der besonderen Geschmacksgewohnheiten ihrer Verbraucher einführen. Daß in Marokko heute ausschließlich grüner Tee getrunken wird, ist sicherlich darauf zurückzuführen, daß man dort traditionell an Pfefferminztee gewöhnt war. Den *thé à la menthe,* grünen Tee vermischt mit Pfefferminze, trinkt man dort etwa seit der Mitte des neunzehnten Jahrhunderts. Als nach Ausbruch des Krimkrieges die englischen Teehändler ihren russischen Absatzmarkt verloren, wandten sie sich Marokko zu. Die Marokkaner nahmen den grünen Tee gern an, da er den scharfen Minzgeschmack ihres traditionellen Getränks milderte, ohne dessen Geschmack und Farbe zu sehr zu verändern. Der Tee wird in kleinen, oft bunt verzierten Gläsern auf runden Kupfer- oder Silberplatten serviert. Beim Trinken daheim sitzt man auf Kissen oder langen, mit Fransen versehenen Teppichen. Wie in vielen anderen moslemischen Ländern ist das Servieren des Tees auch hier Männersache. Es gehört zu den besonderen Pflichten des Familienoberhauptes. Man bedient sich dabei zweier verschiedener Teekannen und schenkt nacheinander drei unterschiedlich starke Teeaufgüsse ein: zuerst einen schwächeren und zuletzt einen besonders starken. Beim Ausgießen wird die Teekanne hoch über das Glas gehalten, damit der Tee im Glas leicht aufschäumt. Der *thé à la menthe* kann zu jeder Tageszeit serviert werden. Auch zu den Mahlzeiten, die gewöhnlich schwer und scharf gewürzt sind, trinkt man ihn, da er die Verdauung fördert. Und sagt man hier nicht von ihm, er sei bitter wie der Tod, aber süß wie das Leben und die Liebe?

Ludwig Hohlwein: Marco-Polo-Tee

GEORGE TABORI

EIN ENGLISCHES FAMILIENIDYLL

Mir gegenüber auf einem weichen Rasen saß ein riesiger Engländer in Hemdsärmeln, eine Leinenmütze über dem roten Gesicht; neben ihm hechelte ein Hund. Der Rasen war smaragdgrün, das Hemd des Engländers gelb, sein Haus weiß, sein Dach rot, sein Himmel blau. Bestimmt wartete er auf seinen Tee; aus dem Haus waren das fröhliche Klirren von Porzellan, die murmelnden Stimmen von Frauen und das muntere Gehopse eines Kindes zu hören. Der Engländer kratzte sich am Kopf, ließ die riesige Zeitung sinken und blies Luft aus: er und seine importierten Narzissen und Krokusse wirkten wie eine riesige Reklame, ausgeschnitten und an den Himmel geklebt. Stolz ließ er den Blick auf den Blumen ruhen: Erinnerung ohne Trauer. Eine Glastür ging auf, und eine blonde Frau im Leinenkleid und einem Pullover darüber erschien mit einem riesigen Tablett. Das Silber, eine neue Farbe, blinkte in der Sonne. Der Mann beugte sich vor, schluckte ein paarmal. Ein Kind rannte den Kiesweg entlang, ein kleines rosiges Mädchen mit Zöpfen und Sommersprossen. Das Tablett machte ein munteres Geräusch auf dem Gartentisch. Man konnte den knusprigen Toast sehen, die Marmelade im Glas, den dünnen Dampf aus der Teekanne. Bei jedem Geräusch lief einem das Wasser im Mund zusammen. Sorgsam arrangierte die Frau die Tassen; sanft glitt ein Messer durch die Butter, und bald, o bald, würden die Toastscheiben vor Silberfett glänzen. Der Löffel grub sich in die rote Marmelade und strich sie sorgfältig auf den Toast; der Tee machte ein kleines gluckerndes Geräusch, als er in

die Tasse floß. Man konnte hören, wie der Toast zwischen den Zähnen krachte; ihre Körper entspannten sich, als sie sich der Lust des Teetrinkens hingaben.

KARL KROLOW

FRIESISCHER TEE

Sprechen wir lieber vom friesischen Tee zu jeder Tageszeit, tiefbernsteingolden und mit leichtem Rauchgeschmack, heißer Tee allemal, der gewöhnlich auf einem Stövchen auf Holzkohle stand, als ich ihn trank. Wer denkt noch an Bremer Kaffeesäufer! Man denkt an das leise Geräusch, mit dem die »Kluntjes«, der Kandis, im Tee versinken, denkt an die sahnige Milch, die unbedingt dazu gehört. Kandis und Sahne nehmen der herben Stärke des oldenburgisch-friesischen Tees nicht sein Aroma, machen es samtweich und zärtlich süß. So ist das wohl. Teebehaglichkeit gibt es nur hierzuland. Tee wird nun einmal nicht nebenbei zubereitet. Man muß mit Sorgfalt und Zeit an die Zubereitung gehen, frisches Wasser zu jedem Kännchen kochen, mit diesem das Kännchen zunächst erhitzen und dann neues Wasser auf das Feuer stellen. Inzwischen wird das heiße Kännchen penibel trockengerieben. Die Teeblätter kommen hinein, auf die das zweite Wasser beim ersten Aufsprudeln gegossen wird. Tee auf dem Stövchen vier bis sechs Minuten ziehenlassen und ihn dann servieren. Ein zweites Kännchen mit heißem Wasser wird dazugestellt. Aber wer darf nun schon seinen Tee mit ihm verdünnen? Allenfalls ein gänzlich unwissender Fremder! Der Tee

selber kann natürlich beim Stehen auf dem Stövchen bald einen Nachguß vertragen: die Teestunde hat mehr als sechzig Minuten. Sie scheint überhaupt nicht metronomisch begrenzt. Man trinkt Tee in Ruhe. Man trinkt ihn gründlich. Wie man hier gründlich arbeitet und lebt. Geduld gehört dazu. Man muß sie mit ins Land bringen, sonst hat man die falsche Ecke gewählt.

Holländischer Vieruhrtee, spätes 18. Jahrhundert

4. Zierliche Tassen und formschöne Kannen

Auf dem runden, gedeckten Tisch standen chinesische Tassen und eine silberne Teekanne mit Spiritusbrenner. Alexej Alexandrowitsch besichtigte zerstreut die vielen ihm schon bekannten Porträts, die das Kabinett zierten, setzte sich an den Tisch und schlug das dort liegende Evangelium auf. Das Rauschen des seidenen Kleides der Gräfin ließ ihn aufhorchen.

Leo Tolstoi

Aber da war Amaryllis Sternwieser bereits im Haus verschwunden, um kurz darauf mit einem kleinen Ebenholztablett zu erscheinen, auf dem eine Teekanne aus Böttger Steinzeug in Form eines Aststumpfes mit einem Reliefdekor aus Blütenzweigen und vergoldeter Montierung und mit einem Hahn als Schnabelverschluß stand, aus dem herber Kräuterduft in kleinen Rauchfahnen dampfte. Daneben standen zwei weiße Schalen aus dünnstem Porzellan mit Blattornamenten und eine ebensolche Zuckerdose. Die kleinen Löffel waren wie die Griffe des Tabletts und das Kettchen der Teekanne vergoldet.

Barbara Frischmuth

JOHN BLOFELD

DAS GOLDENE ZEITALTER DER CHINESISCHEN KERAMIK

Die Dynastien Ming und Ch'ing zusammen könnte man als das Goldene Zeitalter der chinesischen Keramik bezeichnen. Da gab es: mattgrünes Celadon; blaues und

weißes Porzellan, dessen herrliches Blau das Ergebnis eines Verfahrens war, das man aus Zentralasien übernommen hatte; verziertes Porzellan mit bis zu sieben leuchtenden Farben; das sogenannte Ochsenblut-Porzellan, dessen häßlicher Name im Gegensatz zum Reichtum einer Farbe steht, die nicht einmal von der Pracht dunkler Rubine erreicht wird; Ching-Tê-Porzellan von unwahrscheinlich reinem Weiß; die vielen Arten glasierten Steinguts, welche die natürliche Färbung eines breiten Spektrums von Tonerden bewahren; Hunderte von Formen – einfache, raffinierte, elegante, anspruchslose, bizarre, groteske; und die zahlreichen Arten der Verzierung durch den Pinsel des Kalligraphen oder Künstlers, durch die Dekoration der Oberfläche der Gefäße mit Lack, Email, kostbaren Metallen und dergleichen. Alles zusammen offenbart ein Maß an Kreativität, handwerklicher Kunstfertigkeit und Phantasie, wie es wahrscheinlich nie wieder erreicht werden wird. Die Rolle, die der Tee bei dieser Entwicklung gespielt hat, kann man gar nicht hoch genug einschätzen. Seitens der Aristokraten und Gelehrten bestand ein unerschöpflicher Bedarf an Teekannen, Teetassen und Teebüchsen, die Originalität und Schönheit zu vereinen pflegten.

GARTH CLARK

DIE FEINE RAFFINESSE DER TEEKANNE

In China zog die Entwicklung der Teekanne eine Periode außerordentlichen Erfindungsreichtums nach sich. Die für die frühen Teekannen charakteristischsten Ex-

emplare entstanden ab 1510 in dem Gebiet von Yi-hsing, das schon seit Urzeiten als die Töpfermetropole Chinas bekannt war. Yi-hsings Ruhm beruht zum Teil auf der Entdeckung örtlicher Vorkommen eines außergewöhnlich feinen Steinzeugtons. Der chinesischen Mythologie zufolge wurde der Ton von einem fremden Mönch entdeckt, der eines Tages in einem Dorf erschien. »Reichtum und Ehre zu verkaufen!« rief er, doch die Dorfbewohner lachten ihn aus. »Wenn ihr keine Ehre kaufen wollt, wie wäre es mit Reichtum?« beharrte er. Er führte die Dorfbewohner zu einer nahegelegenen Höhle und wies sie an zu graben. Auf diese Weise kam eine fünffarbige, wie Brokat glänzende Tonschicht zutage.

Mit seiner seidigen Oberfläche und einer Farbskala, die vom hellen Gelbbraun bis ins Purpurbraun spielt, ist der Yi-hsing-Ton in der Tat so außergewöhnlich, daß manche Töpfer sich entschlossen, ihre Kannen überhaupt nicht zu glasieren. Da sie es vorzogen, die natürliche Schönheit und den taktilen Reiz des Tons auszunutzen, ließen sie die Gefäße häufig unglasiert und veredelten sie, indem sie deren Oberfläche auf der Steinschleifscheibe zu Hochglanz polierten. Bei der Herstellung der frühesten Yi-hsing-Teekannen wurde die Grundform mit einem Bambusmesser aus einem massiven Tonklumpen geschnitten. Henkel und Tülle brachte man später an. Um 1580 etwa kam eine neue Technik auf: Die Teekanne wurde zunächst von Hand geformt und erhielt anschließend auf der Drehscheibe ihre gewünschte Form. Im achtzehnten Jahrhundert aber erfreuten sich die Teekannen bereits so großer Beliebtheit, daß neue Methoden angewandt werden mußten, um die

Produktion zu steigern. Deshalb begannen die Töpfer damit, Teekannen in Formteilen zu gießen, setzten die einzelnen Teile zusammen und versäuberten die Formen schließlich noch von Hand – eine Technik, wie sie bei der Herstellung von Yi-hsing-Ware bis auf den heutigen Tag üblich ist.

Ungeachtet ihrer Eleganz und der auserlesenen Formgebung der Yi-hsing-Teekannen kam für den Kaiserhof einzig das glasierte Porzellan in Frage. Dagegen übte die Yi-hsing-Ware eine große Anziehungskraft auf Gelehrte und Dichter aus, die sich gegen Ende des achtzehnten Jahrhunderts dann auch engagiert an ihrer Konzeption und Herstellung beteiligten. Die Rolle, die die Intellektuellen bei der Entwicklung der Yi-hsing-Teekanne spielten, ist vielschichtig und faszinierend. Manche Dichter oder Schriftsteller beschrifteten Teekannen mit Gedichten. Andere wählten die geeigneten Tonsorten aus, beeinflußten die Herstellungsart oder bestimmten Größe und Proportion einer speziellen Teekanne. In diesem durchgeistigten Umfeld wurde jedes Teilstück einer Teekanne diskutiert, kritisiert und – häufig genug – verbessert. »Diese Verbindung zwischen den Gelehrten und der Yi-hsing-Keramik bewirkte wahrscheinlich die Aufwertung dieser Keramik vom reinen Gebrauchsgegenstand zum Kunstwerk«, vermutet Therese Tse Bartholomew in ihrer Abhandlung *I-hsing-Wares* (I-hsing-Ware). »Eine derartige Zusammenarbeit zwischen Gelehrten und Handwerkern hat es in der Geschichte der chinesischen Kunst nur selten gegeben.« Der Reiz, den die Teekanne auf die Literaten ausübte, ermutigte die Töpfer, ihre ästhetischen Ziele höher zu stecken: Sie wollten nicht mehr nur der simplen Anforderung genügen, einen op-

Teekanne mit chinesischen Motiven, um 1770/80

tisch zufriedenstellenden Gegenstand herzustellen, für sie war die Teekanne zu einem Mittel künstlerischer Selbstdarstellung geworden.

Der Yi-hsing-Töpfer beschränkte sich nicht nur auf die überkommenen klassischen Formen, er überhöhte seine Gefäße noch, indem er ihnen Namen aus dem Alltagsleben und aus der Natur gab. Während einige dieser Stilisierungen reine Spielereien der Phantasie darstellten, galten andere in der chinesischen Kultur als gute Vorzeichen. So wünschte man zum Beispiel mit einer Pfirsichform langes Leben und Glück, während eine mit naturalistischen Früchten und Nüssen reichver-

zierte Granatapfelform zahlreiche gesunde Nachkommen verhieß.

Es waren Yi-hsing-Teekannen, die vom Westen als erste importiert wurden, und ihre beiden Stilelemente – klassische Form und phantasievolle Naturdarstellung – prägten daher in hohem Maße die Entwicklung der westlichen Keramik. Diese häufig kopierten Stücke inspirierten die Pioniere unter den Töpfern wie etwa Johann Friedrich Böttger, Thomas Astbury, Ralph Wood und Josiah Wedgwood, unglasiertes Steinzeug herzustellen.

Im frühen achtzehnten Jahrhundert stellten viele europäische Porzellanmanufakturen Teekannen her. Die in Deutschland von Meißen und in Frankreich von Sèvres geschaffenen Teeservice sind wegen ihres pomphaften, überladenen Zuckerbäckerstils von besonderem Interesse. Das europäische Festland zog jedoch Kaffee und Schokolade dem Tee vor, und folglich wurde die Erforschung der Teekannenformen dort niemals zu einer solchen Manie wie in England. Von 1750 an war diese kleine Insel führend in der Kunst der Teekannen-Entwicklung.

MANFRED SACK

DAS TEEGLAS

Fast zwei Jahre lang kannte ich diese beiden Teegläser schon. Immer wenn ihr Platz in der Vitrine sich ein wenig verändert hatte, wußte ich, daß es noch andere Leute gab, die ein Auge darauf geworfen hatten. Eines Tages waren sie mitsamt dem Laden, in dem ich sie entdeckt

hatte, verschwunden. Ich begegnete ihm durch Zufall wieder, und meine Begehrlichkeit zog nun dorthin um – bis ich das Risiko, jemand anders könnte sich in die Teegläser vergucken, nicht mehr ertragen wollte. Ich kaufte sie. Sie waren unverschämt teuer (auch wenn ein Kenner heute für diese Anmerkung nur ein Kopfschütteln hat: geschenkt!). Seitdem machen sie mich jedesmal, wenn ich daraus trinke und mir nach dem Aufgießen die Hand am Griff verbrenne, glücklich: Was ist schon dieser kleine funktionale Verdruß gegen den ästhetischen Genuß der Augen (vom Tee mal nicht zu reden)! Denn die Gestalt dieser beiden Teegläser stellt gewissermaßen ein Ideal dar – so wie Ludwig Mies van der Rohes »Haus Tugendhat« in Brünn oder sein »Haus Farnsworth« in Plano bei Chicago idealische Gestalten sind, Manifeste, die ihren Bewohnern (in Brünn einst gern, in Farnsworth ungern ertragene) Bequemlichkeits-Nachsichten abverlangten. Wunderbarer Schmerz! (Und für eine geduldige Minute doch nur …)

Schwer zu sagen, wie alt die beiden Teegläser sind, ob sie zu den Zeugnissen der »verborgenen Vernunft« gehören, die die Neue Sammlung in München einmal als Beispiele einer vorweggenommenen Moderne aus dem 19. Jahrhundert ausgestellt hat, oder ob sie erst nach dem Ersten Weltkrieg um 1930 herum, hergestellt worden sind.

Die berühmte Firma der Gebrüder Friedländer jedenfalls, aus der sie stammen, war schon 1867 (von Zadek D. Friedländer) gegründet worden und von 1867 an unter dem Namen »Gebr. Friedländer« aufgetreten. In einem Brief vom Urenkel des Gründers, Walter Herz, von 1984 steht dann, daß er Haus und Geschäft, das über hun-

dert Jahre lang Unter den Linden 4a zu Berlin existiert hatte und in seiner Hochblüte vor dem Ersten Weltkrieg das größte Juwelierunternehmen Europas gewesen war, 1938 verkauft habe: an Kurt Hermann, der sein Kunde, aber auch ein Freund Hermann Görings war und so dem Juden die Emigration nach London ebnen konnte. Von ihm erfuhr Herz 1949, daß die Russen das (unterdessen Deutsche Goldschmiede-Kunstwerkstätten genannte) Geschäft ausgeraubt hatten.

Die Gebrüder Friedländer waren als Gold- und Silberschmiede eher Traditionalisten. Deshalb nahm ich an, daß die beiden so sehr modernen Teegläser die Arbeit eines ihrer freien Gestalter sind, mit denen sie nach 1918 zusammenarbeiteten. Doch ein betagter Zeuge erinnerte sich, daß in seinem Elternhaus schon bald nach der Jahrhundertwende derlei Gläser in Gebrauch waren, also zu den frühen Beispielen der »Verborgenen Vernunft« gehörten.

Wie auch: Es sind Meisterwerke, Paradebeispiele für die Form, die kein Ornament mehr erträgt, weil ihr eigener ästhetischer Wert unübertrefflich ist und nur beeinträchtigt werden könnte. Es trifft ein Satz Otl Aichers zu, den man in seinem Buch »die welt als entwurf« findet: »modernes design ist die sache selbst«, es »ist eine kulturmanifestation gegen verzierung«.

Chinesen und Japaner tranken aus Keramik- oder Porzellantassen und -schalen. Vielleicht waren es die Engländer, unsere ersten Teegenießer in Europa, oder die Russen, die dann zum Glase griffen, um den rotgolden funkelnden Tee auch mit den Augen trinken zu können. Heute ist die Auswahl an Teegläsern mäßig: rustikalisierte oder postmodern dekorierte Formen. Es gibt für

die beiden Friedländer-Gläser, genauer: die silbernen Fassungen, in denen die Schottgläser aus Jena stecken, nur einen Schönheitskonkurrenten, und das ist die flache blaue Teetasse des Bauhaus-Töpfers Otto Lindig mit ihrer langen Griffschlaufe. Und trotzdem: Die Friedländersche Schöpfung ist einzigartig. Sie ist ein Triumph der Designkunst gegen das geckenhafte »Kunst«-Design unserer Tage. Ihre Eleganz resultiert aus der Einfachheit der Form und der Schönheit des edlen Materials. Es sind die schönsten Teegläser der Welt.

PAUL RENOVANZ

EIN ORIGINELLER TEEWÄRMER

Im weiträumigen Chinesischen Pavillon auf dem Technischen Ausstellungsgelände der Leipziger Messe fiel ein Teewärmer auf, der von den geschickten Händen eines jener zahllosen, namenlosen Kunsthandwerker hergestellt worden war, die so oft Schönheit der Form mit Ideenreichtum zu verbinden wissen. Der Teewärmer bestand eigentlich nur aus einer Kokosnuß. Allein, diese Nuß vereinigte das Anmutig-Nützliche mit dem Natürlich-Künstlerischen schlechthin vollendet. Die beiden mit Seide ausgekleideten Hälften schließen sich so lange um das zierliche Teekännchen, bis ein Federdruck es aus seiner Umhüllung befreit. Handwerklicher Geschmack hat hier, etwa 1500 Jahre nach Lo-tungs Hymnus*, etwas geschaffen, was sich abseits vom Spielerischen auf den ersten Blick als kleine originelle Kostbarkeit empfiehlt. Aus diesem Beispiel spricht eine kaum zu übertreffende Liebe für den Tee. Wenn Zuneigung für ein Volksgetränk sich so nett wie aufrichtig äußert, dann darf man wohl von einer Liebeserklärung jenes Namenlosen reden, die ein ganzes Volk, das größte dieser Erde, sich zu eigen macht.

* Siehe Seite 16.

II. TEEGENÜSSE – SEHR POETISCH

1. Die Welt in einer Tasse

> Man trinkt Tee, damit man den Lärm der Welt vergißt.
>
> *T'ien Yi-heng*

Zeiten fürs Teetrinken:

Augenblicke der Muße
Gelangweilt von Poesie
Voller wirrer Gedanken
Wenn man zu Liedern den Takt schlägt
Wenn keine Musik ertönt
Leben in der Abgeschiedenheit
Bei geistreichem Zeitvertreib
Bei nächtlichem Gespräch
Beim Studium an sonnigen Tagen
Im Brautgemach
Beim Unterhalten befreundeter Gäste
Als Gastgeber von Gelehrten und schönen Damen
Beim Besuch von Freunden, die von weither
heimgekehrt
Bei schönem Wetter
Bei verhangenem Himmel
Beim Beobachten vorbeigleitender Boote
Beim Lagern unter Bäumen und Bambus
Wenn die Blumen Knospen treiben und die Vögel
zwitschern
An heißen Tagen an einem Lotosteich
Beim Verbrennen von Weihrauch im Innenhof

Szene aus einem Kabuki-Drama, um 1800

Wenn die trunkenen Gäste gegangen sind
Beim Besuch einsam gelegener Tempel
Beim Anblick von Quellen und malerischen Felsen

Hsü Tzê-shu

Dann verspürte er, entgegen seiner Gewohnheit, Appetit und tunkte seine mit erlesener Butter bestrichenen Toastscheiben in eine Tasse Tee, eine makellose Mischung aus Hsia Fa Yun, Mo Yu Tan und Chanskij, gelben Teesorten, die von Sonderkarawanen aus China und Rußland gebracht worden waren.

Er schlürfte diesen flüssigen Duft aus Chinaporzellan mit der Bezeichnung »Eierschalen«, so durchsichtig und leicht ist es; und ebenso, wie er nur diese entzückenden Tassen duldete, benutzte er als Besteck nur echt feuervergoldetes Silber, dessen Gold etwas abgeblaßt war, während das Silber ein klein wenig unter der ermatteten Goldschicht hervorschien und ihr so eine weiche, ältliche, ganz erschöpfte, ganz todesträchtige Patina verlieh.

Joris-Karl Huysmans

Viele Jahre lang hatte von Combray außer dem, was der Schauplatz und das Drama meines Zubettgehens war, nichts für mich existiert, als meine Mutter an einem Wintertage, an dem ich durchfroren nach Hause kam, mir vorschlug, ich solle entgegen meiner Gewohnheit eine

Tasse Tee zu mir nehmen. Ich lehnte erst ab, besann mich dann aber, ich weiß nicht warum, eines anderen. Sie ließ darauf eines jener dicken ovalen Sandtörtchen holen, die man ›Madeleine‹ nennt und die aussehen, als habe man als Form dafür die gefächerte Schale einer St.-Jakobs-Muschel benutzt. Gleich darauf führte ich, bedrückt durch den trüben Tag und die Aussicht auf den traurigen folgenden, einen Löffel Tee mit dem aufgeweichten kleinen Stück Madeleine darin an die Lippen. In der Sekunde nun, als dieser mit dem Kuchengeschmack gemischte Schluck Tee meinen Gaumen berührte, zuckte ich zusammen und war wie gebannt durch etwas Ungewöhnliches, das sich in mir vollzog. Ein unerhörtes Glücksgefühl, das ganz für sich allein bestand und dessen Grund mir unbekannt blieb, hatte mich durchströmt. Mit einem Schlage waren mir die Wechselfälle des Lebens gleichgültig, seine Katastrophen zu harmlosen Mißgeschicken, seine Kürze zu einem bloßen Trug unsrer Sinne geworden; es vollzog sich damit in mir, was sonst die Liebe vermag, gleichzeitig aber fühlte ich mich von einer köstlichen Substanz erfüllt: oder diese Substanz war vielmehr nicht in mir, sondern ich war sie selbst. Ich hatte aufgehört, mich mittelmäßig, zufallsbedingt, sterblich zu fühlen. Woher strömte diese mächtige Freude mir zu? Ich fühlte, daß sie mit dem Geschmack des Tees und des Kuchens in Verbindung stand, aber darüber hinausging und von ganz anderer Wesensart war. Woher kam sie mir? Was bedeutete sie? Wo konnte ich sie fassen? Ich trinke einen zweiten Schluck und finde nichts anderes darin als im ersten, dann einen dritten, der mir sogar etwas weniger davon schenkt als der vorige. Ich muß aufhören, denn die geheime Kraft des Trankes scheint nachzulassen. Es ist ganz offenbar, daß die Wahrheit, die ich suche, nicht in ihm ist, sondern in mir. Er hat sie dort geweckt, aber er kennt sie nicht und kann nur auf unbestimmte Zeit und mit schon schwindender Stärke seine Aussage wiederholen, die ich gleichwohl nicht zu deuten weiß und die ich wenigstens wieder von neuem aus ihm herausfragen und unverfälscht zu meiner Verfügung haben möchte, um entscheidende Erleuchtung daraus zu schöpfen. Ich setze die Tasse nieder und wende mich meinem Geiste zu. Er muß die Wahrheit finden. Doch wie? Eine schwere Ungewißheit tritt ein, so oft der Geist sich überfordert fühlt, wenn er, der Forscher, zugleich die dunkle Landschaft ist, in der er suchen soll und wo das ganze Gepäck, das er mitschleppt, keinen Wert für ihn hat. Suchen? Nicht nur das: Schaffen. Er steht vor einem Etwas, das noch nicht ist, und das doch nur er in seiner Wirklichkeit erfassen und dann in sein eigenes Licht rücken kann.

Wieder frage ich mich, was das für ein unbekannter Zustand sein mag, der keinen logischen Beweis, wohl aber den Augenschein eines Glückes mit sich führte, einer Wirklichkeit, der gegenüber alle andern verblassen. Ich will versuchen, ihn von neuem herbeizuführen. Ich durchlaufe rückwärts im Geiste den Weg bis zu dem Moment, wo ich den ersten Löffel voll Tee an den Mund geführt habe. Ich finde den gleichen Zustand wieder, doch von keinem neuen Licht erhellt. Ich verlange von meinem Geist das Bemühen, die fliehende Empfindung noch einmal wieder heraufzubeschwören. Und damit sein Schwung sich an keinem Hindernis brechen kann, räume ich alles hinweg, jeden fremden Gedanken, ich schirme mein Gehör und meine Aufmerksamkeit gegen alle Geräusche des Nebenzimmers ab. Dann aber, da ich fühle, wie mein Geist sich erfolglos abmattet, zwinge ich ihn umgekehrt zu jener Zerstreuung, die ich ihm vorenthalten wollte, lasse ihn an anderes denken und sich gleichsam erholen, bevor er noch einmal den Anlauf unternimmt. Dann schaffe ich ein zweites Mal völlige Leere um ihn, ich stelle ihm den noch ganz frischen Geschmack jenes ersten Schlucks gegenüber und spüre, wie etwas in mir sich zitternd regt und verschiebt, wie es sich zu erheben versucht, wie es in großer Tiefe den Anker gelichtet hat; ich weiß nicht, was es ist, doch langsam steigt es in mir empor; ich spüre dabei den Widerstand und höre das Rauschen und Raunen der durchmessenen Räume.

Sicherlich muß das, was so in meinem Inneren in Bewegung geraten ist, das Bild, die visuelle Erinnerung sein, die zu diesem Geschmack gehört und die nun versucht, mit jenem bis zu mir zu gelangen. Aber sie müht sich in zu großer Ferne und nur allzu schwach erkennbar ab; kaum nehme ich einen gestaltlosen Lichtschein wahr, in dem sich der ungreifbare Wirbel der Farben vermischt und verliert; aber ich kann die Form nicht unterscheiden, nicht von ihr als dem einzig möglichen Dragoman erbitten, daß sie mir die Aussage ihres Begleiters, ihres unzertrennlichen Gefährten, des Geschmacks übersetzt, sie nicht fragen, um welche Begebenheit, um welche Epoche der Vergangenheit es sich handeln mag.

Wird sie bis an die Oberfläche meines Bewußtseins gelangen, diese Erinnerung, jener Augenblick von einst, der, angezogen durch einen ihm gleichen Augenblick,

von so weit her gekommen ist, um alles in mir zu wecken, in Bewegung zu bringen und wieder heraufzuführen? Ich weiß es nicht. Jetzt fühle ich nichts mehr, er ist zum Stillstand gekommen, vielleicht in die Tiefe geglitten; wer weiß, ob er jemals wieder aus seinem Dunkel emporsteigen wird? Zehnmal muß ich es wieder versuchen, mich zu ihm hinunterzubeugen. Und jedesmal rät mir die Trägheit, die uns von jeder schwierigen Aufgabe, von jeder bedeutenden Leistung fernhalten will, das Ganze auf sich beruhen zu lassen, meinen Tee zu trinken im ausschließlichen Gedanken an meine Kümmernisse von heute und meine Wünsche für morgen, die ich unaufhörlich und mühelos in mir bewegen kann.

Und dann mit einem Male war die Erinnerung da. Der Geschmack war der jener Madeleine, die mir am Sonntagmorgen in Combray (weil ich an diesem Tage vor dem Hochamt nicht aus dem Hause ging) sobald ich ihr in ihrem Zimmer guten Morgen sagte, meine Tante Léonie anbot, nachdem sie sie in ihren schwarzen oder Lindenblütentee getaucht hatte. Der Anblick jener Madeleine hatte mir nichts gesagt, bevor ich davon gekostet hatte; vielleicht kam das daher, daß ich dies Gebäck, ohne davon zu essen, oft auf den Tischen der Bäcker gesehen hatte und daß dadurch sein Bild sich von jenen Tagen in Combray losgelöst und mit anderen, späteren verbunden hatte; vielleicht auch daher, daß von jenen so lange aus dem Gedächtnis entschwundenen Erinnerungen nichts mehr da war, alles sich in nichts aufgelöst hatte: die Formen – darunter auch die dieser kleinen Muschel aus Kuchenteig, die so behäbig und sinnenfroh wirkt unter ihrem strengen, frommen Fal-

tenkleid – waren versunken oder sie hatten, in tiefen Schlummer versenkt, jenen Auftrieb verloren, durch den sie ins Bewußtsein hätten emporsteigen können. Aber wenn von einer früheren Vergangenheit nichts existiert nach dem Ableben der Personen, dem Untergang der Dinge, so werden allein, zerbrechlicher aber lebendiger, immateriell und doch haltbar, beständig und treu Geruch und Geschmack noch lange wie irrende Seelen ihr Leben weiterführen, sich erinnern, warten, hoffen, auf den Trümmern alles übrigen und in einem beinahe unwirklich winzigen Tröpfchen das unermeßliche Gebäude der Erinnerung unfehlbar in sich tragen.

Sobald ich den Geschmack jener Madeleine wiedererkannt hatte, die meine Tante mir, in Lindenblütentee eingetaucht, zu verabfolgen pflegte (obgleich ich noch immer nicht wußte und auch erst späterhin würde ergründen können, weshalb die Erinnerung mich so glücklich machte) trat das graue Haus mit seiner Straßenfront, an der ihr Zimmer sich befand, wie ein Stück Theaterdekoration zu dem kleinen Pavillon an der Gartenseite hinzu, der für meine Eltern nach hintenheraus angebaut worden war (also zu jenem verstümmelten Teilbild, das ich bislang allein vor mir gesehen hatte) und mit dem Hause die Stadt, der Platz, auf den man mich vor dem Mittagessen schickte, die Straßen, die ich von morgens bis abends und bei jeder Witterung durchmaß, die Wege, die wir gingen, wenn schönes Wetter war. Und wie in den Spielen, bei denen die Japaner in eine mit Wasser gefüllte Porzellanschale kleine, zunächst ganz unscheinbare Papierstückchen werfen, die, sobald sie sich vollgesogen haben, auseinandergehen, sich winden, Farbe annehmen und deutliche Einzelheiten auf-

weisen, zu Blumen, Häusern, zusammenhängenden und erkennbaren Figuren werden, ebenso stiegen jetzt alle Blumen unseres Gartens und die aus dem Park von Monsieur Swann, die Seerosen auf der Vivonne, die Leutchen aus dem Dorfe und ihre kleinen Häuser und die Kirche und ganz Combray und seine Umgebung, alles deutlich und greifbar, die Stadt und die Gärten auf aus meiner Tasse Tee.

Marcel Proust

Sechs Uhr abends rückt heran. Ich spüre es heranrücken. Nicht so intensiv, wie die Kinder den Weihnachtsabend heranrücken spüren. Aber immerhin. Punkt sechs Uhr trinke ich Tee, ein feierliches Genießen ohne Enttäuschungen in diesem belasteten Dasein. Etwas, was man sicher hat, man hat seine friedevolle Glückseligkeit in seiner eigenen Macht. Es ist direkt unabhängig vom Schicksale. Schon das Eingießen des guten Hochquellwassers in mein schönes weites Halblitergefäß aus Nickel macht mir Freude. Dann warte ich das Sieden ab, den Sang des Wassers. Ich habe eine riesige halbkugelige tiefe Schale aus ziegelrotem Wedgwood. Der Tee ist aus dem »Café Central«, duftet wie Almwiese, wie Kohlröserl und Gräser im Sonnenbrande.

Der Tee ist goldgelb-strohgelb, niemals bräunlich, leicht und unbedrückend. Dazu rauche ich eine Zigarette »Chelmis, Hyksos«. Ich trinke sehr, sehr langsam. Der Tee ist ein inneres anregendes Nervenbad. Man trägt die Dinge leichter dabei. Man fühlt es, eine Frau sollte

eine solche Wirkung ausüben. Aber sie tut es niemals. Sie hat noch nicht die Kultur friedereicher Sanftmütigkeiten, um wie ein edler warmer goldgelber Tee zu wirken. Sie glaubt, sie verlöre dann etwa ihre Macht. Aber mein Tee sechs Uhr abends verliert niemals seine Macht über mich. Ich sehne mich ihm täglich in gleicher Weise entgegen, und liebevoll vermähle ich ihn meinem Organismus.

Peter Altenberg

Vornehme Dame beim Teetrinken, Mitte 18. Jahrhundert

2. Tee für einsame Stunden

Es gibt Augenblicke im Leben, abscheuliche Augenblicke, wenn man aus einem Unterschlupf hervortritt und um sich blickt, und alles ist schrecklich. Dann sollte man nicht nachgeben! Man sollte nach Hause gehen und sich einen besonders guten Tee leisten.

Katherine Mansfield

Jeden Abend um sechs Uhr hing Johanna ihren schwarzen Arbeitsmantel an den Nagel, setzte ihre kleine Mütze auf und wünschte ihrem Chef eine gute Nacht. Der pflegte dann noch eine Stunde hinter seinem Pult zu dösen, ehe er die kleine Leihbibliothek zusperrte und schnaufend in den ersten Stock hinaufstieg.

Dann war Johanna schon in ihrem Zimmer angelangt und schlüpfte aus den Schuhen, während ihre Wirtin, Frau Siebengrün, für sie den Tee zubereitete. Das junge Mädchen horchte auf das feine Klirren des Löffels und auf das Geräusch des tropfenden Wasserhahns aus der Küche. Ihr Zimmer war klein und warm, und sie hätte am liebsten vor Behagen gepfiffen, aber sie konnte nicht pfeifen, ihr Mund war nicht dazu geschaffen, und so begnügte sie sich damit, ganz leise zu summen.

Jeden Abend ging es Johanna so gut. Wenn auch der Tag oft langweilig und ihr Chef mürrisch war, der Abend entschädigte sie dafür. Frau Siebengrün brachte den Tee und ein paar Brötchen, murmelte etwas Freundlichklingendes und schlurfte hinaus.

Sie war die schweigsamste und angenehmste Zimmerfrau, die man sich denken konnte.

Später zog Johanna ihren blauen Flanellschlafrock an, stützte das Buch neben die Teetasse und begann zu essen und zu lesen. Sie las rasch und genau und gab niemals der Versuchung nach, hinten anzufangen, denn sie war eine sehr ordentliche kleine Person. Manchmal begegnete sie auf der dritten oder vierten Seite alten Bekannten, denn sie konnte sich die Titel der Bücher schlecht merken. Aber auch das bereitete ihr Genuß, es war, als würde man durch eine Gegend reisen, die man vor Jahren besucht hatte und wo aus allen Fenstern vertraute Gesichter grüßten.

Sie trank den Tee in kleinen Schlucken und spürte den Geschmack der Brötchen auf der Zunge. Manchmal schmeckte die Butter ein wenig ranzig, und Johanna konnte sich auf den nächsten Tag freuen, wenn sie wieder frisch sein würde.

Marlen Haushofer

Der Gewöhnlichkeit gehört die Welt. Es tangiert mich aber nicht, so lang ich ein Bett und ein Glas Tee habe.

Theodor Fontane

Die Nacht war bitter kalt. Der Schnee lag in einer hart gefrorenen Decke über der Erde, so daß nur die in den Nebenwegen und an den Ecken zusammengekehrten Haufen von dem heulenden Wind erfaßt werden konn-

ten. An einer solchen Beute ließ er dann aber seine ganze Wut aus, trieb sie in Wolken wild durch die Luft und wirbelte sie in tausend kreisenden Nebelfetzen umher. Es war eine Nacht, rauh und schneidend kalt, in der es jeden, der ein Heim hat, dicht ans flackernde Feuer zieht und mit Dank gegen Gott erfüllt, daß er zu Haus ist; eine Nacht, in der der obdachlose, hungernde Unglückliche sich nur hinlegen und sterben kann. Zu solchen Zeiten schließen viele Ausgestoßene und Verhungerte die Augen auf offener Straße, und was immer ihr Verschulden gewesen sein kann, sie können sie kaum in einer schlimmeren Welt wieder öffnen.

So sah es draußen aus, als sich Mrs. Corney, die Mutter des Armenhauses, das der Leser bereits als Oliver Twists Geburtsort kennt, in ihrem kleinen Zimmer vor einem lustigen Feuer niedersetzte und wohlgefällig den kleinen runden Tisch überblickte, auf dem eine Platte von entsprechendem Umfang mit allem stand, was zur Lieblingsmahlzeit älterer Frauen gehört. Mrs. Corney war nämlich im Begriff, sich bei einer Tasse Tee Trost zu holen. Und als sie vom Tisch wieder zum Feuer hinüberschaute, über dem der kleinste aller denkbaren Teekessel ein fröhliches Liedchen summte, steigerte sich ihre innere Zufriedenheit zusehends in solchem Grade, daß sie tatsächlich lächelte.

»Ja«, sprach die Matrone vor sich hin, indem sie die Ellbogen auf den Tisch stützte und sinnend ins Feuer sah, »gewiß haben wir alle große Ursache, Gott dankbar zu sein! Große Ursache, wenn wir's nur immer recht wüßten. Ach ja!«

Mrs. Corney schüttelte trübsinnig den Kopf, als ob sie die Geistesblindheit der Armen beklage, die das nicht

erkannten, langte mit einem silbernen Löffel, der ihr Privateigentum war, in die äußersten Ecken einer zinnernen Zwei-Unzen-Teebüchse und fing an den Tee zu bereiten.

Welch geringfügige Anlässe nicht die Ruhe unseres schwachen Gemütes stören können! Der schwarze Teetopf, sehr klein und bis oben gefüllt, lief über, während Mrs. Corney moralische Betrachtungen anstellte, und das Wasser verbrühte ihr ein wenig die Hand.

»Verwünschter Topf!« rief die würdige Matrone, indem sie ihn hastig auf den Herdrand niedersetzte; »so ein dummes kleines Ding, das nur zwei Tassen faßt! Wem nützt er denn etwas?! Außer«, fügte Mrs. Corney nach einer kleinen Pause hinzu, »außer einem so armen, verlassenen Geschöpf wie mir. Ach, du lieber Himmel!«

Mit diesen Worten sank die Frau in ihren Stuhl, und abermals die Ellbogen auf den Tisch stützend, dachte sie über ihr einsames Los nach. Der kleine Teetopf und die einzelne Tasse hatten in ihrer Seele traurige Erinnerungen an Mr. Corney geweckt, der erst fünfundzwanzig Jahre tot war, und Rührung überwältigte sie.

»Ich bekomme nie wieder einen!« sagte Mrs. Corney mißmutig. »Ich bekomme nie wieder einen wie ihn!«

Ob diese Bemerkung dem Gatten oder dem Teetopf galt, ist ungewiß. Wahrscheinlich dem Teetopf, denn sie sah ihn an, während sie sprach, und hielt ihn dann in die Höhe.

Sie hatte kaum die erste Tasse gekostet, als sie durch ein leises Klopfen an der Zimmertür gestört wurde.

Charles Dickens

3. Wo Tee seinen Ort gefunden hat

> Nun ja, das sieht alles ganz lustig aus, wenn man in angenehmer Gesellschaft beim Tee sitzt und darüber plaudert [...].
>
> *Anton Tschechow*

Im Jahre 1706 eröffnete der junge Ladengehilfe eines Teehändlers, Thomas Twining, das erste *Coffee House,* das sich auf den Ausschank von Tee spezialisierte: »Tom's Coffee House«. Damit begründete er, was später eine der berühmtesten Teefirmen der Welt werden sollte. Twining eröffnete elf Jahre später noch einen Teeladen, »The Golden Lyon«, wo die Damen, die in den *Coffee Houses* nicht zugelassen waren, ihren Tee kauften und auch Tee trinken konnten. Im Laufe des achtzehnten Jahrhunderts stieg der Teekonsum beträchtlich. Gegen Ende des Jahrhunderts trank man fünfzehnmal mehr Tee als am Anfang, und in den letzten fünfzehn Jahren des Jahrhunderts verdoppelte sich der Verbrauch noch einmal. Das Teetrinken war nicht mehr allein der Oberschicht vorbehalten, sondern es verbreitete sich nun in der Mittelklasse und schließlich auch in den unteren Volksschichten. Die rapide Steigerung des Teekonsums hing mit der massiven Steuersenkung zusammen, die Pitt im Jahre 1783 beschloß, um den immer besser organisierten Teeschmuggel zu bekämpfen. (Zu dieser Zeit waren im Teehandel mehr als vierzigtausend Menschen beschäftigt und dreihundertzwanzig Schiffe!)

Diese Vorliebe für den Tee brachte mit sich, daß bereits in der zweiten Hälfte des achtzehnten Jahrhunderts in London die ersten Teegärten entstanden. Damals, als man sich in England von der formalistischen Strenge der französischen Gartenbaukunst abkehrte und zu einem eigenen, betont romantischen und naturgemäßeren Stil fand, vergnügten sich die Londoner aus allen Schichten in den *Tea Gardens* und raffiniert angelegten Vergnügungsparks von Ranelagh, Marylebone und Vauxhall. Nachdem man sein Eintrittsgeld entrichtet hatte, konnte man dort tagsüber und abends soviel Tee trinken wie man wollte. In Szenerien wie in einem Gainsborough-Gemälde, wo das Barocke mit dem Antiken wetteiferte, im Schatten eines Rokoko-Tempels oder einer geborstenen Säule saß man an zierlichen Tischchen oder einfach im Gras und trank seinen Tee. Manchmal spielte ein Orchester, und man aß Kuchen und alle jene Kleinigkeiten, die man zwischen zwei dünne Scheiben gebuttertes Brot legen konnte – eine Erfindung, die der findige Lord Sandwich zu dieser Zeit gemacht hatte.

Gilles Brochard

Das Jingying Wenyi Chashi liegt, zur Straße hin offen, inmitten von rostfarbenen Häusern. Das kleine Vorderzimmer ist vollgepackt mit Tischen und älteren Männern. Alles stammt aus der Zeit um die Jahrhundertwende oder vermittelt zumindest diesen Eindruck: die Stammgäste, das Mobiliar, das Prozellan und die getäfelten Wände in der Farbe getrockneten Blutes. Ich sitze

auf einer Bank und trinke langsam und bedächtig meinen Tee.

Teehäuser werden als fragwürdige Überbleibsel einer feudalistischen Gesellschaft angesehen, als Brutstätten konterrevolutionären Denkens. Während des »Großen Sprungs nach vorn« gab es Versuche, sie zu schließen, aber danach tauchten sie wieder auf und werden zusehends beliebter.

»Ich bin siebenundachtzig«, stellt sich mein Nachbar vor. »Und er ist zweiundneunzig.« Dampf steigt züngelnd aus ihren Porzellantassen empor, Rauch quillt aus ihren *bongs* und metallköpfigen Pfeifen, jede anders, jede ein Meisterstück handwerklichen Könnens. Ich lächle anerkennend. Dem Alter zollt man in China Respekt, sogar Verehrung.

»Und wie alt sind Sie?«

»Sechsunddreißig.« Oder siebenunddreißig nach chinesischer Rechnung, nach der ein Kind bei seiner Geburt schon als einjährig betrachtet wird.

»Ah!« Sie nicken mitfühlend. Ein dürftiges Alter.

Es ist schwer vorstellbar, allein in einem Teehaus zu sitzen. Obwohl die alten Männer ihre gewohnten Sitzplätze und speziellen Freunde haben, gehören wir alle irgendwie zusammen. Ich werde stillschweigend akzeptiert, weder angestarrt noch ignoriert. Die Männer stopfen ihre Pfeifen und spucken auf den Boden. Eine Gruppe spielt Karten. Ein Paar spielt Schach.

Eine Frau kommt mit einem dampfenden Kessel herein, ein bäuerliches Gesicht mit roten Wangen und kurz geschorenem Haar. Sie gießt ein, schenkt nach, und der Tee in unseren blumenbemalten Tassen entfaltet sich wie Kohlblätter. Für fünf Pfennige kann man den ganzen Tag lang Tee trinken.

Es ist halb eins und Zeit zum Geschichtenerzählen. Die Sonne steht hoch, und die Schatten verschlucken nur mehr die Schnitzereien an den Häuserfronten. Ein Mann zwischen siebzig und achtzig, mit lichtem Haar und eingefallenen Wangen, steigt auf die Plattform in einer Ecke des Teehauses und läßt sich langsam auf einem Hocker nieder. Die Unterhaltung bricht ab. Die Karten werden weggeräumt. Alle Augen sind auf den Erzähler gerichtet, den Erben einer langen Tradition umherwandernder Geschichtenerzähler, die die chinesische Vergangenheit lebendig halten. Eindringlich schildert er die heutige Folge der fortlaufenden Saga über einen Kaiser der Ming-Dynastie, seine Darstellung von opernhaft übertriebener Mimik und Gestik begleitend. Er rollt mit den Augen, läßt den Kiefer fallen, die Sehnen am Hals sind angespannt wie die Saiten einer Geige. Er öffnet und schließt und öffnet erneut seinen Fächer. Er haut mit der Faust auf die Bank. Er steht auf, setzt sich, trägt mit Überzeugung vor und vergißt keine einzige Zeile.

Es kann keine neue Geschichte sein, aber das Teehaus ist zum Bersten voll, und die alten Männer sind sichtlich gefesselt. Die Kessel stehen müßig auf dem Tisch, der Tee in den Deckeltassen wird langsam bitter.

Nach Beendigung seiner Episode verläßt der Geschichtenerzähler das Teehaus, und ein Dutzend alter Männer geht ihm nach. Die anderen bleiben sitzen, holen Tabaksbeutel hervor, teilen Karten aus. Man hört das Klappern von Teetassen, schläfriges Stimmengemurmel, das Aufknallen von Spielkarten und das Gluckern von Wasser, wenn sie an ihren *bongs* ziehen.

Sarah Lloyd

Wir betreten den Raum, in dem der Tee gereicht wird, durch eine geschnitzte Tür, deren Flügel in den verrosteten Angeln quietschen. Es herrscht ein rauchiges Halbdunkel. Die Eleganz einiger feiner Säulen mit einem ausgezackten Fries voller Arabesken, die in den Giebelstein gehauen sind, vollendet die Annehmlichkeit dieses Ortes. Durch kleine Dachluken, die sich in einer Kuppel zu den lichten Himmelswassern öffnen, strömt fahles Licht herein und ergießt sich über das nilgrüne Steingut, das die mannshohen Sockel ziert, und flutet über den abgetretenen Estrich.

Eine Steinstufe führt zu dem zweiten, etwas höher gelegenen Teil der riesigen Wohnung. Dort ist der Boden mit Teppichen aus Rabat und weißen Wollmatratzen ausgelegt.

Unter den schwarzen, mit grün und rot gefärbtem Schilfrohr verflochtenen Deckenbalken läuft eine in zinnoberroten Buchstaben geschriebene Inschrift rings um die Wände: *El afia el bakia* – die ewige Gesundheit.

In den kleinen Nischen, auf den Regalen und den großen, mit mattgoldenen Blumen bemalten Truhen stapelt sich ein heilloses Durcheinander verschiedenartiger Gegenstände.

Arabische Bücher, Küchenutensilien, Kleidungsstücke und Teile vom Sattelzeug, Musikinstrumente und Waffen, alles kommt in einer reizvollen Unordnung zusammen. Unter den gewöhnlichen Töpferwaren aus Béchar fällt ein anmutiger Krug aus Venedig durch sein in seltenen Tönen schillerndes Kristall auf.

Man findet aber auch Kupferlampen mit langen Schnäbeln, grünes, mit Kleeblättern verziertes Porzellan, Steingutarbeiten mit eingebrannten Farben, und um

die Augenweide zu vollenden, bieten sich die kleinen bunten Gläser auf dem scharlachroten Seidentuch der zierlichen Tabletts neben dem restlichen Teegeschirr wie wilde Blumen an.

Isabelle Eberhardt

Es ist kein Dörfchen so klein, eine Tschainaja muß darin sein, aber o weh, man kriegt im Teehaus wirklich nur Tee [...].

Es ist eine schweißtreibende Angelegenheit, den Teetrinkern nur zuzusehen, sie sitzen in der heißen, rauchgeschwängerten Stube, als ob sie auf dem Nordpol wären, haben struppige Mützen tief in die Stirn gedrückt, den Schafpelz zugeknöpft und umgürtet, ihr Gesicht ist eingepackt in einem rechtgläubigen Vollbart, erstaunlich, daß sie wenigstens die Handschuhe ausgezogen haben. Ein Stück Zucker stecken sie in den Mund und behalten es darin, während sie aus dem großen Tschainik heißes Wasser ins Glas schütten und aus dem kleinen Tschainik Tee dazu und dann das Ganze in die Untertasse, aus der sie es siedend schlürfen, Untertasse auf Untertasse ergießt sich in den Mund, in dem der Zucker bleibt. In kurzen Intervallen ziehen die Trinker ein Handtuch aus der Tasche, ein graues Handtuch, mit dem sie den Schweiß trocknen, der ihnen in die Augen und in den Bart strömt. Die Stirn wischen sie nicht ab, denn dazu müßten sie die Mütze abnehmen, und dann würden sie vielleicht weniger schwitzen.

Der Ursinn dieses Teetrinkens, des Transpirierens, ist nicht zu ergründen. Wollen sie alle bösen Gedanken,

alle bösen Triebe und alle bösen Säfte aus ihrem Körper ausschwitzen? Wollen sie sich schon auf Erden an die Pein der Hölle gewöhnen? Wollen sie den Frost verhöhnen, ihm zurufen, du marterst mich draußen, hier drinnen aber lache ich deiner, hier drinnen schwitze ich um so mehr! So etwas muß es sein, denn auch im Dampfbad, das in keinem Dorfe fehlt, hocken sie in teuflischen Temperaturen und erhöhen die Folter, indem sie sich mit Birkenruten prügeln. So etwas muß es sein, was sie zum Teetrinken veranlaßt. Oder aber, sollt es möglich sein?, schmeckt es ihnen, auf einem Sitz viele Liter heißes Wasser in sich hineinzuschütten?

Egon Erwin Kisch

4. Teatime

Zu Beginn des neunzehnten Jahrhunderts war der Tee aus der englischen Gesellschaft nicht mehr wegzudenken. Ein junger Schwede bemerkte 1809 bei seinem Englandbesuch: »Nach dem Wasser ist der Tee der Engländer eigentliches Element.« Dennoch war das Teetrinken damals noch eine relativ ungezwungene Angelegenheit, und erst um 1840, zweihundert Jahre nachdem der erste Tee nach England importiert wurde, entwickelte sich die Sitte des englischen Nachmittagstees. Die Herzogin von Bedford hatte es sich zur lieben Gewohnheit gemacht, sich gegen vier Uhr nachmittags ein Kännchen Tee und etwas Kuchen oder Butterbrot auf ihr Zimmer bringen zu lassen, um sich damit die Lustlosigkeit des Spätnachmittags zu vertreiben. Als sie ihre Freundinnen dazu einlud, war eine Institution geboren.

Die Zeremonie wurde bald immer verschwenderischer, da jede Gastgeberin ihre Standesgenossinnen an Aufwand zu übertreffen suchte. Es dauerte nicht lange, und der Tee wurde mit berauschendem Orangenlikör oder Rotweinpunsch hinuntergespült, und die Tische bogen sich unter der Last kalorienreicher Köstlichkeiten. Mit musikalischer Untermalung wurde der Tee aus fein ziselierten silbernen Teekannen in kostbares Porzellan eingegossen und von livrierten Dienern den eleganten Damen kredenzt, die zarte, lose über die Taille fallende Teegewänder trugen. Das Gespräch mochte wohl angeregt sein, doch drehte es sich weniger um Kunst und Philosophie als um den Austausch des neuesten läster-

lichen Klatsches. Die englische Teezeremonie war, verglichen mit der bewußten Selbstbeschränkung des *cha-no-yu,* eine köstlich dekadente Angelegenheit.

Die Glanzzeit des *Afternoon Tea* wurde zu Beginn des zwanzigsten Jahrhunderts erreicht, als die hierfür typische Speisenfolge Tee, Kaffee (für Ketzer), Brot und Butter, fünferlei Sandwiches, Austern-Pasteten, Hühnerbrüstchen, zweierlei Cremes, vier Gelees, Eis, verschiedene Kuchen, Säfte und ein Glas Rotwein umfaßte. Eine komplizierte Etikette entstand, und Bücher, voll mit guten Ratschlägen, sollten die Teetrinker für die Feinheiten des richtigen Benehmens sensibilisieren. »Denjenigen, die Zucker zu ihrem Tee nehmen, sei angeraten, den Löffel mit einem Minimum an Kraftaufwand zu bewegen«, warnte ein Autor, »und ihn auf jeden Fall vor dem Hochheben der Tasse herauszunehmen.«

Trotz aller Auswüchse war der Nachmittagstee doch ein streng geregeltes Ritual, das mit echter Begeisterung und Achtung vor dem Tee zelebriert wurde. Die englische Teezeremonie fand sogar Gnade vor den Augen des unbestechlichen Okakura. »An dem zarten Geklirr von Tabletts und Untertassen«, schrieb er, »am leisen Rascheln weiblicher Gastlichkeit, am etablierten Kanon von Sahne und Zucker, erkennen wir, daß die Verehrung des Tees fest verwurzelt ist.« Henry James schloß sich dem an, wenn er im Anfangskapitel seines Romans *The Portrait of a Lady* (Bildnis einer Dame) bemerkt, daß »es im Leben nur wenige Stunden gibt, die angenehmer sind als die dem Ritual des Nachmittagstees geweihte Stunde« – das gelte sogar, fügte er hinzu, wenn man keinen Tee trinke.

Zusätzlich zum eleganten Nachmittagstee kamen in

England eine Reihe von Tee-»Zeremonien« auf. High Tea, der, im Gegensatz zu seinem Namen, ganz und gar nicht elegant war, entstand als deftige Bauernmahlzeit. Um sechs Uhr abends serviert, glich er mehr einem Abendessen als einem Tee und bot Schweinepasteten, Schottische Eier und andere sättigende Gerichte. Der Tee wurde üblicherweise aus einer einfachen, feuerfesten Kanne eingeschenkt und war so stark, daß – im Arbeiter-Jargon – »der Löffel drin steht«. In etwas abgeschwächter Form hat der High Tea in einigen Teilen Nordenglands und Schottlands bis auf den heutigen Tag überlebt.

Im neunzehnten Jahrhundert entwickelten Studenten in Internatschulen und Universitäten ihre eigenen täglichen Teerituale, indem sie Brot und Fladen an den offenen Kaminen in ihren Zimmern rösteten. In den Herrenclubs wurde ein deftiger Tee serviert, zu dem sättigende Sandwiches und leckere Kleinigkeiten wie eingemachte Krabben, scharf gewürzte Schinkentoasts und schottischer Woodcock (eine Mischung aus Sardellen, Sahne und Eiern auf heißen Toastscheiben) gereicht wurden. Für die Arbeiterklasse war der Tee dagegen eher spartanisch und bot selten mehr als einen Becher gesüßten Tees, Brot oder ein paar Kekse.

Aber für den Arbeiter wie den Herzog bedeutete das Teeritual gleichermaßen eine Atempause im Alltag. Für ein oder zwei Stunden gab es keinen Klassenkampf. Auch keinen Krieg der Geschlechter, denn die Teestunde war die Zeit, um Freunde und nicht Liebhaber zu treffen. Die sanfte Euphorie des Tees vermittelte ein Gefühl des Wohlbefindens, das Engländer in allen Lebenslagen in den Stand versetzte, die Aufgaben des verblei-

benden Tages zu meistern. Die Teestunde war eine Zeit zum Nachdenken, um Hoffnung zu schöpfen und um Tagträumen nachzuhängen. Für alle gleich und ohne jede konfessionelle Beschränkung, stellte sie gleichsam einen religiösen Akt dar, der von einer ganzen Nation Tag für Tag genossen und zelebriert wurde.

Mitte des neunzehnten Jahrhunderts, als die Teegeschäfte aufkamen, wurde der Nachmittagstee allen Klassen ermöglicht. Der erste dieser Läden wurde 1864 von der Aerated Baking Company (ABC) eröffnet, und da er sich als ungemein beliebt erwies, folgten weitere in ganz England. Bald entstanden im ganzen Empire Tea Rooms, und für Kinder gab es nichts Schöneres, als in einen dieser Tempel der Süßigkeiten mitgenommen zu werden, mit seinem verlockenden Angebot an Zuckerbrötchen, Sahnekuchen und köstlichen Petits fours.

Nach dem Ersten Weltkrieg büßte der Tee seinen elitären Anspruch ein, verlor aber nicht an Bedeutung. Hotels wie das Londoner Ritz richteten zwar immer noch große gesellschaftliche Teeveranstaltungen aus, doch die veränderten Wertvorstellungen, der andere Tagesablauf und die neuen Prioritäten der Gesellschaft bewirkten, daß der Tee zu Hause eine wesentlich intimere Angelegenheit wurde, zu der man nur noch die Familienmitglieder oder enge Freunde bat. Dieser Wandel der Werte zeigte sich in den zwanziger Jahren durch die Beliebtheit der sogenannten Tête-à-Tête-Teeservice für zwei Personen. Zunehmendes Gesundheitsbewußtsein und wachsendes Interesse an der Mode trugen auch dazu bei, die Speisenfolge beim Nachmittagstee wieder auf ihr ursprüngliches Ausmaß zu reduzieren: ein paar Sandwiches und ein Stückchen Kuchen.

Mit der Einführung des Tanztees in den dreißiger Jahren nahm die Teezeremonie eine neue Form an. Da konnte man eine Tasse Tee genießen und zu den Klängen der gerade aktuellen Big Bands tanzen. Aber die Hektik der modernen Welt hat unsere Freizeit langsam untergraben und den Nachmittagstee von einem tagtäglichen Ritual zu einem seltenen Luxus werden lassen.

Garth Clark

TEEBRÖTCHEN

Muffins

Für etwa 24 Stück

15 g	Hefe
½ l	lauwarme Milch
500 g	Mehl
½ TL	Salz
1 EL	Öl

Die Hefe in Milch auflösen. Das Mehl mit dem Salz mischen, die Hefemilch dazugießen und alles zu einem weichen Teig verarbeiten. An einem warmen Ort unter einem Tuch 1 Stunde gehen lassen.

Den Teig dann in eigroße Stücke schneiden, zu Bällchen formen und diese plattdrücken, nochmals auf einem warmen eingemehlten Tuch etwas gehen lassen. Sobald die Muffins doppelte Größe erreicht haben, sie auf ein gefettetes Blech legen. Bei 180 °C etwa 20 Minuten backen.

Die Muffins werden meist noch warm zum Tee gereicht, man bricht sie auf, gibt etwas Butter hinein und ißt sie zusammengeklappt.

Scones

Für etwa 20 Scones

500 g	Mehl
20 g	Backpulver
2 EL	Butter
	saure Sahne
	Salz

Das gesiebte Mehl, Backpulver, Butter, Salz wird mit so viel saurer Sahne vermischt, bis ein fester Teig entsteht.

Den Teig ½ Stunde ruhen lassen, dann fingerdick ausrollen und Kreise ausstechen oder Dreiecke ausschneiden. Auf ein bestäubtes Blech legen und bei etwa 200 °C etwa 10 Minuten backen.

Scones werden wie Muffins warm serviert, durchgeschnitten und mit Butter und Marmelade bestrichen gegessen.

Es konnte nichts Gemütlicheres geben, als mit ihnen an einem kalten Wintertage, wenn die chinesischen Häuser feucht und kalt waren, Tee zu trinken und dabei englische Herdwärme zu genießen. Ich hatte zwar viel an meinen englischen Bekannten auszusetzen, ich gewann sie aber trotzdem lieb, und nie kam ich ihnen näher, als wenn wir in dem kleinen Eßzimmer saßen und Tee tran-

ken. Das Zimmer war mit häßlichen englischen Möbeln ausgestattet, die man bei Trödlern in Schanghai zusammengekauft hatte. Die Teestunde aber war echt englisch und hätte in jeder braven kleinbürgerlichen Familie in London oder Glasgow stattfinden können. Es wurde kein Versuch gemacht, sie aristokratisch durch belegte Brote, Salate oder Oliven zu verfeinern. Der rechteckige Tisch war mit einem festen Leintuch gedeckt, und darauf standen versilberte Schüsseln mit heißen schottischen Hafermehlkuchen, australischer Butter und Erdbeermarmelade von Cross & Blackwell. Keine Plantscherei mit blassem chinesischem Tee. Wir bekamen starken, schwarzen, indischen Tee, zuverlässige Empireware, der mit Rohrzucker und richtiger englischer kondensierter Milch angereichert wurde. Wenn eine Schüssel leer war, wurde sie einfach auf den Herd gestellt, hinter dessen schwarzer eiserner Gittertür ein lustiges Kohlenfeuer brannte. Der Herd war mit einem Kaminsims und einem häßlichen Aufbau von geschnitzten Regalen umgeben, der bis zur Decke reichte, und jedes Regal war mit Nippes oder bemalten Glassachen überfüllt. Sie stammten nicht etwa aus China, sondern von den gesegneten britischen Inseln – »Grüße aus Brighton« (in Gold auf rosa Glas) oder »Herzliche Grüße aus Dundee«. Es war recht scheußlich, aber es war auch warm, gemütlich und freundlich, und diese sonderbare Mischung gefiel mir. Nach dem heißen Kuchen, aber nicht ehe der letzte vertilgt war – man durfte zu einem Kuchen ja nicht etwa Butter und Marmelade zusammen nehmen –, gab es frischen Pfundkuchen oder englischen Rosinenkuchen und immer weiter Tee, Tasse auf Tasse. Die behäbige schottische Mutter präsidierte, und un-

ablässig ging ihr beim Einschenken und Zuteilen das Mundwerk; sie sprudelte wahrhaftig keine tiefen Weisheiten und geistreichen Bemerkungen heraus, sondern redete so einfach daher wie eine Putzfrau, aber es war lustig und nett. Und dieser gute englische Tee wurde in einer kleinen Küche von einem mageren Chinesen zubereitet, der die Mäkeleien seiner ausländischen Herrin überlebt hatte und sich damit tröstete, daß er sie beim Einkaufen tüchtig übers Ohr hieb, und inzwischen so gut kochen lernte, daß er, als die Weißen nach England zurückkehrten, sofort eine Stelle als Koch bei einem berühmten General fand, der eine Vorliebe für europäische Küche hatte.

Pearl S. Buck

Sie saßen und tranken am Teetisch,
Und sprachen von Liebe viel.
Die Herren, die waren ästhetisch,
Die Damen von zartem Gefühl.

Die Liebe muß sein platonisch,
Der dürre Hofrat sprach.
Die Hofrätin lächelt ironisch,
Und dennoch seufzet sie: Ach!

Der Domherr öffnet den Mund weit:
Die Liebe sei nicht zu roh,
Sie schadet sonst der Gesundheit.
Das Fräulein lispelt: Wieso?

Die Gräfin spricht wehmütig:
Die Liebe ist eine Passion!
Und präsentieret gütig
Die Tasse dem Herren Baron.

Am Tische war noch ein Plätzchen;
Mein Liebchen, da hast du gefehlt.
Du hättest so hübsch, mein Schätzchen,
Von deiner Liebe erzählt.

Heinrich Heine

Es dunkelte; auf dem Tisch summte
der abendliche blitzende Samowar
und erwärmte den chinesischen Teekessel;
unter ihm ballte sich leichter Dampf.
Schon rann der duftende Tee,
eingegossen von Olgas Hand,
als dunkler Strom in die Tassen,
und ein Diener reichte süße Sahne.

Alexander Puschkin

Aubrey Beardsley: The Rape of the Lock

Die Damen, welche sämtlich sehr ästhetische Mienen machten, setzten sich darauf nebst mehreren Herren unter dem Vorsitze der Frau vom Hause, die mit vieler Grazie den Tee einzuschenken wußte, förmlich in Schlachtordnung und fingen an, von Ohrenschmäusen zu reden. [...]

Friedrich kamen diese Poesierer in ihrer durchaus polierten, glänzenden, wohlerzogenen Weichlichkeit wie der fade, unerquickliche Teedampf, die zierliche Teekanne mit ihrem lodernden Spiritus auf dem Tische wie der Opferaltar dieser Musen vor.

Joseph von Eichendorff

»Die Haselmaus schläft schon wieder«, sagte der Hutmacher und setzte in vertraulichem Tone hinzu: »Wir nennen sie unter uns oft einfach nur den Siebenschläfer.« Und dabei griff er zur Teekanne und goß ihr etwas heißen Tee über die Nase.

Die Haselmaus schüttelte unwillig den Kopf und sagte, ohne dabei die Augen zu öffnen: »Gewiß, gewiß; ich wollte eben dasselbe sagen.«

»Hast du das Rätsel schon herausgebracht?« fragte der Hutmacher, wieder zu Alice gewandt.

»Nein, ich gebe es auf«, sagte Alice, »wie heißt denn die Lösung?«

»Keine Ahnung«, sagte der Hutmacher.

»Auch nicht«, sagte der Schnapphase.

Alice seufzte müde auf. »Ich finde, ihr könntet etwas Besseres mit eurer Zeit tun, als sie auf Rätsel ohne Lösung zu verschwenden«, sagte sie.

»Du hast aber unklare Vorstellungen von Zeit!« sagte der Hutmacher. »Wenn du damit so gut bekannt wärst wie ich, würdest du nicht davon reden, daß man *sie* verschwendet. Es ist nämlich ein *Er.*«

»Ich weiß nicht, was du damit sagen willst«, erwiderte Alice.

»Natürlich nicht!« sagte der Hutmacher und warf höhnisch den Kopf zurück. »Wahrscheinlich hast du mit ihm noch nie auch nur zwei Worte gewechselt!«

»Das vielleicht nicht«, räumte Alice nicht ohne Vorsicht ein, »aber ich kenne mich doch sehr gut aus, wenn es zu Haus die Uhrzeit schlägt.«

»Da haben wirs schon!« sagte der Hutmacher. »Schläge läßt er sich nicht gefallen. Aber wenn du dich ein bißchen besser mit ihm stellst, tut er fast alles, was du

von ihm haben willst. Stell dir zum Beispiel einmal vor, es ist acht Uhr morgens, und gleich beginnt die Schule: nur ein Wort in sein Ohr gewispert, und schon sausen die Zeiger wie im Fluge rundum – ein Uhr! Zeit zum Mittagessen!«

(»Wenns nur wieder einmal soweit wäre!« flüsterte der Schnapphase vor sich hin.)

»Das wäre freilich wunderbar«, sagte Alice nachdenklich, »nur – dann hätte ich doch noch gar keinen Hunger!«

»Vielleicht nicht gleich«, sagte der Hutmacher, »aber du könntest es ja ein Uhr sein lassen, solange du wolltest.«

»So macht ihr es wohl hier?« fragte Alice.

Der Hutmacher schüttelte wehmütig den Kopf. »Ach nein!« antwortete er. »Ich habe mich im letzten Frühjahr mit ihm zerstritten, kurz bevor *der* da übergeschnappt ist –« (und dabei deutete er mit dem Teelöffel auf den Schnapphasen) »– da gab nämlich die Herzkönigin ein Festkonzert, und ich mußte das Lied vortragen:

Weißt du, wieviel Sternlein stehen
Auf dem weiten Kanapee?

Du kennst das Stück vielleicht?«

»Es kommt mir bekannt vor«, sagte Alice.

»Es geht weiter«, half der Hutmacher nach, »wie folgt:

Statt daß sie am Himmel baumeln,
Taumeln sie hier durch den Tee.
  Taumel, baumel –«

Und hier schüttelte sich die Haselmaus und begann im Schlaf zu singen: »Taumel, baumel, taumel, baumel –«, und zwar so lange immerfort, daß man sie schließlich zwicken mußte, um sie zum Schweigen zu bringen.

»Nun, ich war noch kaum mit der ersten Strophe fertig«, sagte der Hutmacher, »da sprang die Königin auch schon auf und brüllte: ›Er schlägt ja nur Zeit tot! Kopf ab mit ihm!‹«

»So etwas Barbarisches!« rief Alice aus.

»Seit diesem Tag«, fuhr der Hutmacher in kläglichem Ton fort, »erfüllt er mir keine einzige Bitte mehr, und es bleibt immer fünf Uhr.«

Alice kam die Erleuchtung. »Sind vielleicht deswegen so viele Teesachen gedeckt?« fragte sie.

»Allerdings«, seufzte der Hutmacher; »es ist ständig Zeit zum Fünf-Uhr-Tee, und zum Abspülen kommen wir nie.«

»Dann macht ihr also langsam die Runde um den Tisch, oder?« erkundigte sich Alice.

»Genau«, sagte der Hutmacher; »sobald ein Gedeck benutzt ist, rücken wir eins weiter.«

»Aber was passiert dann, wenn ihr wieder zum Anfang zurückkommt?« fragte Alice beherzt weiter.

»Wie wärs denn, wenn wir von etwas anderem sprächen«, fiel der Schnapphase ein und gähnte. »Das ist doch langweilig. Ich bin dafür, daß uns die junge Dame hier etwas erzählt.«

»Aber ich weiß leider nichts«, sagte Alice ziemlich erschrocken über diesen Vorschlag.

Lewis Carroll

5. Tea for two

»Begleiten Sie mich doch und trinken Sie Tee mit mir«, sagte er. »Ich bin sicher, Sie haben heute nachmittag lange genug gearbeitet.«

Er konnte sehen, daß ihr die Hände ein bißchen zitterten, als sie von ihrem Buch aufschaute. Es waren hübsche Hände mit langen, rosa lackierten Fingernägeln. Unakademisch wirkende Hände, dachte er.

»Ich würde furchtbar gern kommen«, sagte sie und sah mit Augen zu ihm auf, die Mr. Cleveland sogar noch eine feurigere Beschreibung hätten entlocken können.

Sie stand auf und räumte säuberlich ihre Bücher auf dem Tisch zusammen, betrachtete ihr Gesicht in einem kleinen Spiegel und zog sich die Handschuhe an. Sie ließ sich absichtlich viel Zeit, um ihre Fassung wiederzugewinnen und zu überlegen, worüber sie mit ihm reden könnte, wenn sich ein intelligentes Gespräch anbahnen würde.

Sie verließen den Lesesaal und gingen die Treppe hinunter.

»Finden Sie es nicht deprimierend, nach Semesterschluß noch hier zu arbeiten?« fragte Mr. Cleveland. »Ich könnte mir vorstellen, daß Sie lieber nach Hause führen.«

Nach Hause fahren, wo ich in Oxford die Chance habe, Sie zu sehen? dachte Barbara. Wenn ich nach Hause gefahren wäre, würde ich das jetzt nicht erleben. »Zu Hause kann man doch unmöglich arbeiten«, sagte sie. »Man findet da einfach nicht die nötige Ruhe.«

»Wo wohnen Sie denn?«

»In Nordwales, an der See.«

»Oh, wirklich? Im Sommer fahren wir oft nach Llanfaddyn, und manchmal veranstalten wir dort Seminare«, sagte Mr. Cleveland. »Höchstwahrscheinlich haben Sie uns da einmal gesehen.«

»Ja, das stimmt, aber das war, bevor ich Sie näher kannte und bevor Sie mich überhaupt kannten.« Barbara mußte an den Tag denken, als sie in den Dorfladen gegangen war, um etwas zu besorgen, und ihn dort angetroffen hatte, wie er sich mit einer langen Einkaufsliste herumschlug. »Es war eine solche Überraschung, Sie zu sehen«, sagte sie und lachte. »Ich kannte Sie nur von den Vorlesungen, und plötzlich sah ich Sie in Shorts, wie Sie Dosen gebackener Bohnen und Spaghetti kauften. Das machte Sie so viel menschlicher.«

»Nun, ich bin menschlich, allzu menschlich«, sagte Mr. Cleveland, dem der Gedanke, er könnte irgend etwas anderes sein, ziemlich schmeichelte. »Und da sind wir wohl schon bei Fuller's. Sollen wir hier reingehen?«

»Ja, ich denke, dieses Lokal ist der Situation angemessen«, meinte Barbara. »Genau das Richtige für einen Tutor, der seine Schülerin ausführt.«

»Seine Lieblingsschülerin«, sagte Mr. Cleveland mit etwas steifer Galanterie. »Ich rechne damit, daß Sie eine Menge Kuchen essen.«

Sie gingen hinauf und sahen sich nach einem Tisch um. »Mögen Sie den neuen Teil unten?« fragte Mr. Cleveland. Sie standen oben an der Treppe und sahen auf Scharen von Nordoxforder alter Jungfern hinunter, auf Professorengattinnen und Familien, die sich nach ihren Weihnachtseinkäufen stärkten.

»Ich finde, der andere Teil ist angenehmer«, sagte Barbara.

»Ja«, stimmte Mr. Cleveland ihr zu. »Nicht so voll mit plappernden Frauen.«

»Setzen wir uns ans Fenster«, schlug Barbara vor.

Als der Tee serviert wurde, stellte sie fest, daß er seinen mit Milch und zwei Stück Zucker trank, genau wie so viele andere. Wie ihr Bruder Peter oder dieser langweilige junge Mann von St. Wilfrid's Hall, der immer mit ihr ausgehen wollte. Barbara fand es wunderbar, entdeckt zu haben, wie Francis Cleveland seinen Tee mochte. Während sie anfing heißes Wasser in die Teekanne zu gießen, versuchte sie sich an dem, was er sagte, verständig und interessiert zu zeigen. Aber in Wirklichkeit nahm sie in allen Einzelheiten ihre Umgebung auf, um so viele Details wie möglich in ihrer Erinnerung zu speichern, um sich damit den ganzen Nachmittag wieder vergegenwärtigen zu können. Sie registrierte die großen rosa Chrysanthemen mit ihren mopartigen Köpfen, die Kuchen in Zellophanverpackung, selbst die Leute an den Tischen in ihrer Nähe. Etwa eine große, gutaussehende Frau – vielleicht die Frau eines Professors – mit ihren drei kleinen Jungen, die über Weihnachtsgeschenke schwatzten und dabei den Kuchen befingerten. Eines Tages würden diese kleinen Jungen erwachsen sein und, obwohl sie es nie erfahren würden, wären sie alle irgendwie durch dieses Erlebnis miteinander verbunden. Barbara empfand plötzlich eine warme, alles umfassende Liebe für jedermann, der an diesem Nachmittag bei Fuller's war, selbst für die plappernden Professorengattinnen und die Nordoxforder alten Jungfern, die im andern Teil des Cafés saßen und

besorgt der Frage nachhingen, ob sie das Richtige gekauft hatten oder ob sie den Kissenbezug, den Ella ihnen letztes Jahr geschenkt hatte, eventuell weiterverschenken konnten, ohne Angst haben zu müsen, daß es herauskam.

Wenn auch die meisten an alltäglichere Dinge dachten als Barbara, gab es immerhin zwei Personen, die an ihrem Erlebnis Anteil nahmen. »Aber natürlich«, sagte Miss Morrow etwas schüchtern, »Mr. Cleveland ist doch ihr Tutor. Es erscheint mit ganz normal, daß ein Tutor seine Schülerin zum Tee einlädt.«

»Das leugne ich ja nicht«, sagte Miss Doggett, »aber hier haben wir es mit besonderen Umständen zu tun. Es wäre völlig natürlich für einen Tutor, eine Studentin zum Tee zu sich nach Hause einzuladen, wo seine Frau oder die Haushälterin oder irgendeine ältere Dame als Gastgeberin auftritt. Aber wenn er sich in ein Café in die Stadt schleicht und dann so unhöflich einfach wegläuft, wenn er jemand Bekannten sieht … wirklich, Miss Morrow, Sie können schlecht behaupten, das sei ganz normal.«

Barbara Pym

In diesem Augenblick brachte Valerie Steinbock eigenhändig eine Tasse Tee. Das war mehr als eine Auszeichnung, das war eine Gunst! In der Art, wie eine Frau dieser Hausfrauenpflicht nachkommt, liegt eine ganze Sprache – und die Frauen wissen das sehr wohl. Daher ist es auch ein interessantes Studium, ihre Bewegungen, ihre Gesten, ihre Blicke, ihre Sprache zu beobachten,

während sie diesen so einfach erscheinenden Akt der Höflichkeit ausführen.

Von der in kaltem Tone ausgesprochenen Frage an: »Nehmen Sie Tee? Wünschen Sie Tee? Eine Tasse Tee?«, von dem der Dienerin erteilten Auftrag, Tee zu bringen, an – bis hin zu dem gewaltigen Gedicht der vom Teetisch kommenden Odaliske, die dem Pascha ihres Herzens mit unterwürfiger Miene und zärtlich zitternder Stimme, mit Blicken voll wollüstiger Versprechungen eine Tasse Tee anbietet – – aus dieser Skala der Nuancen im Benehmen könnte ein geschickter Psychologe alle Empfindungen des Weibes herausanalysieren, vom Widerwillen und der Gleichgültigkeit an bis hin zu den Gefühlen der dem Hippolyt ihre Liebe erklärenden Phädra. Die Frauen können sich dabei ganz nach ihrem Willen geben: geringschätzig bis zur Beleidigung oder demütig bis ins Sklavenhafte des Orients. Valerie war mehr als Weib, sie war Weib gewordene Schlange. Sie vollendete ihr Teufelswerk, indem sie auf Steinbock zuschritt, eine Tasse Tee in der Hand. –

»Ich nehme so viele Tassen Tee«, flüsterte der Künstler Valerie zu, »wie Sie mir reichen wollen, nur um sie mir so gereicht zu sehen.« Dabei stand er auf, und seine Finger berührten ganz leicht Valeries Hände. –

Honoré de Balzac

Als sie die Tür aufmachte und ihn stehen sah, freute sie sich mehr denn je, und auch er, wie er ihr so ins Studio folgte, schien überaus glücklich, daß er gekommen war.

»Nicht bei der Arbeit?«

»Nein, gerade dabei, Tee zu machen.«

»Und Sie erwarten niemanden?«

»Gar niemanden.«

»Ach, wie gut.«

Er legte seinen Mantel und Hut umständlich und fürsorglich ab, so, als hätte er Zeit, reichlich Zeit für alles, oder so, als nähme er von ihnen Abschied für immer – und kam zum Kamin und hielt seine Hände vor die lebhaft auflodernde Flamme.

Nur einen Augenblick lang standen sie beide stumm vor diesem auflodernden Schein. Noch immer schmeckten sie gleichsam auf ihren lächelnden Lippen den zärtlichen Schock ihrer Begrüßung. Ihre heimlichen Ichs flüsterten:

»Warum sollten wir reden? Ist dies nicht genug?«

»Mehr als genug. Ich habe es bis zu diesem Augenblick nicht begriffen.«

»Wie gut das tut, bei dir zu sein …«

»So wie jetzt …«

»Es ist mehr als genug.«

Doch plötzlich wandte er sich ihr zu und sah sie an, und sie ging rasch weg.

»Zigarette? Ich setze den Kessel auf. Verlangen nach Tee?«

»Nein. Kein Verlangen.«

»Well, aber ich.«

»Ah, Sie.«

Er knuffte das armenische Kissen zurecht und warf sich auf die Couch. »Sie sind eine vollendete kleine Chinesin.«

»Bin ich auch«, lachte sie auf. »Ich habe Verlangen nach Tee wie starke Männer nach Wein.«

Sie zündete die Lampe unter dem großen orangefarbenen Schirm an, zerrte die Vorhänge zu und zog den Teetisch heran. Zwei Vögel sangen in dem Kessel; das Feuer flackerte. Er setzte sich aufrecht und umfaßte die Knie. Es war köstlich – diese Beschäftigung des Teetrinkens –, und sie hatte immer delikate Sachen zu essen – kleine, pikante Sandwiches, kurze, süße Mandelstäbchen und dunkle Rosinenkuchen, die nach Rum schmeckten –, trotzdem war es eine Unterbrechung. Er wünschte, es wäre vorbei, der Tisch fortgerückt, ihre beiden Stühle zur Lampe gezogen, der Moment gekommen, in dem er seine Pfeife herausnahm, sie stopfte und sagte, während er den Tabak fest in den Pfeifenkopf drückte: »Ich habe über das, was Sie das letzte Mal sagten, nachgedacht, und mir scheint …«

Ja, darauf wartete er, und sie auch. Ja, während sie die Teekanne wärmte und trockenschwenkte über der Spiritusflamme, sah sie diese anderen beiden: ihn zurückgelehnt, sich zwischen den Kissen bequem setzend, und sie eingerollt wie eine Schnecke in dem blauen Muschelsessel. Das Bild war so klar und minuziös, es hätte auf dem blauen Teekannendeckel gemalt sein können.

Katherine Mansfield

BEI EINEM TEE À DEUX

DUETT

1.

LISA. Ach, trinken Sie vielleicht mit mir ein Täßchen Tee?
Sie fühlen sich dann wie zu Haus' in meiner Näh'.
PRINZ.
Ich bin entzückt, ich bin beglückt, wenn ich Sie seh',
Und besser schmeckt mir noch als Sekt das Täßchen Tee.
LISA. In dem Aroma liegt der weiche Duft –
PRINZ. Aus meinem Heimatland, so wunderbar –
LISA. Und mischt sich mit der lieben Wiener Luft –
PRINZ. Und mit dem süßen Hauch von Ihrem Haar.

Refrain.

PRINZ. Bei einem Tee à deux
In selig süßer Näh'
Wie ist das fein!
LISA. Ach, wie ist das wunderfein!
BEIDE. Aus dem silberweißen Rauch
Steigt ein duftig zarter Hauch.
LISA. Wir plaudern so charmant
Und Sie sind so galant.
PRINZ. Wir sind allein.
LISA. Wir sind beide ganz allein.
PRINZ. Wie ein Liebespärchen –
LISA. Na!
BEIDE. Prinz und Märchenfee
Bei einem Tee à deux.

2.

PRINZ. Wenn man mit Ihnen ganz allein
Gedanken tauscht.
Dann braucht man nicht Likör noch Wein
Und ist berauscht.
LISA. Mein Herr, ich hätte nie geglaubt, daß so ein Mann
Wie Sie bei einem Täßchen Tee auch flirten kann.
PRINZ. Was seh' ich? Das ist China-Porzellan!
Das sind die Blumen, die bei uns erblüh'n!
LISA. Es ist exotisch so wie ein Roman:
PRINZ. Die Europäerin –
LISA. Der Mandarin.

Das Land des Lächelns

6. Tee wirkt so, wie man es wünscht

> Er stieß wieder ein paar seltsame Töne hervor und griff dann nach seiner Teekanne. Der Tee war sehr stark, und es war kein Wasser mehr da, ihn zu verdünnen. Ich fühlte, daß die zwei Gläser, die ich getrunken, meine Nerven sehr stark erregt hatten. Auch auf ihn schien der Tee zu wirken, denn er wurde immer hitziger.
>
> *Leo Tolstoi*

»Übrigens sahen die alten Damen merkwürdig genug aus. Alle drei waren in lange gelbe Schleier gehüllt, die von einem breiten gelbseidenen Stirnband zusammengehalten wurden. Es wurde viel Tee getrunken, aber ich habe nur eine Tasse getrunken, ganz zum Schluß. Ich wollte die Wirkung selbst ausprobieren. Nun, sie war merkwürdig genug. Plötzlich konnte ich fliegen, ich flog durch die Luft …«

»Obenauß und nirgent an …«, murmelte O'Key.

»Wie?«

»Nichts, nichts«, sagte O'Key. »Erzähl nur weiter!«

»Ja, ich flog also, es war ein richtiger Flugtraum, und sicher hatte der Tee daran Schuld. Einmal wachte ich halb auf, weil ich einen schmerzhaften Stich fühlte. Die alte Pochon machte sich mit meinem Arm zu schaffen. Aber ich war zu müde, um mich zu wehren. Es roch stark nach Weihrauch. Dann hörte ich Ronny bellen, aber ich dachte, es sei nur ein Traum.« […]

In der Heil- und Pflegeanstalt Bel-Air steht ein Pavillonbau, der für die nicht allzu Aufgeregten bestimmt ist.

Die Fenster sind vergittert, ein hoher Zaun läuft um den Garten. Im Aufenthaltsraum sitzen um einen kleinen Tisch, in einer Ecke, immer drei alte Damen. Sie reden wenig. Nur manchmal sagt die eine: »Was wohl der Meister macht?« Worauf die andere antwortet: »Der Meister ist im goldenen Himmel.« Die dritte lispelt: »Er erwartet uns.« Pause. Dann alle zusammen, leise im Chor: »Unser Herr in den goldenen Himmeln.«

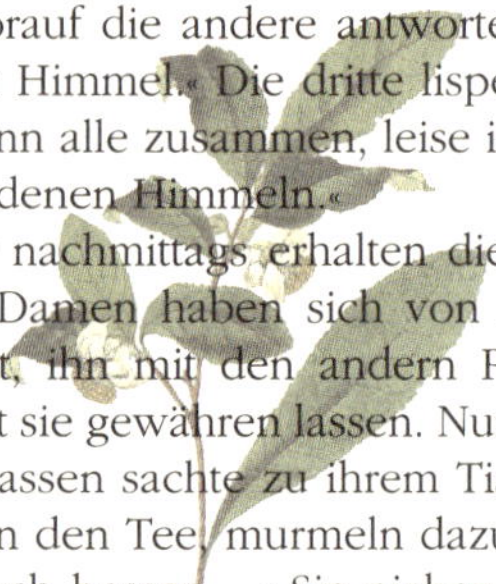

Um drei Uhr nachmittags erhalten die Kranken Tee. Die drei alten Damen haben sich von Anfang an dagegen gesträubt, ihn mit den andern Patientinnen zu trinken. Man hat sie gewähren lassen. Nun tragen sie immer ihre Blechtassen sachte zu ihrem Tischchen, sitzen nieder, schlürfen den Tee, murmeln dazu: »Der Tee des Meisters war doch besser ...« Sie nicken, verziehen die Lippen, der Tee scheint ihnen schlecht.

Die Wärterinnen lächeln, wenn sie an der Gruppe vorübergehen. Die ganze Anstalt weiß von den komischen alten Frauen. Alle lächeln, sobald sie die Worte hören:

Der Tee der drei alten Damen.

Friedrich Glauser

»Nadja«, sagt er, »ich setze mich noch an den Schreibtisch ... Paß bitte auf, daß mich niemand stört. Ich kann nicht schreiben, wenn Kinder heulen oder Köchinnen schnarchen ... Sorg auch dafür, daß Tee da ist und ... ein Beefsteak, vielleicht ... Du weißt, ich kann ohne Tee nicht schreiben ... Tee – das ist das einzige, was mich bei der Arbeit erquickt.«

In sein Zimmer zurückgekehrt, legt er Rock, Weste und Stiefel ab. Er entkleidet sich langsam, dann verleiht er seinem Gesicht den Ausdruck der gekränkten Unschuld und setzt sich an den Schreibtisch.

Auf dem Tisch steht nichts Zufälliges oder Alltägliches, aber alles, selbst die geringste Kleinigkeit, trägt den Charakter der Wohlüberlegtheit und eines strengen Programms. Da sieht man kleine Büsten und Bilder großer Schriftsteller, einen Packen von Rohmanuskripten, einen Band Belinski mit einer eingeknickten Seite, eine Hirnschale an Stelle eines Aschbechers, ein Zeitungsblatt, das nächlässig, aber so zusammengefaltet ist, daß eine mit Blaustift unterstrichene Stelle sichtbar wird, die in großen Lettern die Randbemerkung trägt: »Gemein!« Da liegen auch etwa ein Dutzend frisch angespitzter Bleistifte sowie Federhalter mit neuen Federn, die augenscheinlich deshalb dort hingelegt wurden, damit der freie, schöpferische Flug des Geistes auch nicht einen Augenblick durch äußere Ursachen und Zufälligkeiten wie etwa eine verdorbene Feder unterbrochen werde …

Krasnuchin lehnt sich mit geschlossenen Augen in den Sessel zurück und macht sich daran, ein Thema auszubrüten. Er hört, wie seine Frau mit den Pantoffeln schlurft und Späne für den Samowar schnitzt. Sie ist noch nicht ganz wach, was man daran merkt, daß ihr immerzu der Samowardeckel und das Messer aus der Hand fallen. Bald ertönt das Summen des Samowars und das Zischen des bratenden Fleisches. Die Gattin schnitzt immer noch Späne und rasselt mit den Ofenklappen, Schiebern und Heizungstüren. Plötzlich fährt Krasnuchin

zusammen, reißt erschreckt die Augen auf und schnuppert.

»Mein Gott, Kohlendunst!« stöhnt er und verzieht das Gesicht zu einer Leidensmiene. »Kohlendunst! Diese unausstehliche Frau hat sich das Ziel gesetzt, mich zu vergiften! Nun sage mir einer um Gottes willen, wie kann ich unter solchen Umständen schreiben?«

Er eilt in die Küche und erhebt dort ein theatralisches Wehgeschrei. Als ihm ein wenig später seine Frau, vorsichtig auf Zehenspitzen schleichend, ein Glas Tee bringt, sitzt er wieder mit geschlossenen Augen im Sessel und ist in sein Thema vertieft. Er rührt sich nicht, trommelt leicht mit zwei Fingern an seine Stirn und gibt sich den Anschein, als bemerke er die Anwesenheit seiner Frau nicht … Auf seinem Gesicht zeigt sich wie vorher der Ausdruck gekränkter Unschuld.

Bevor er die Überschrift schreibt, kokettiert er lange mit sich selbst, wie ein Mädchen, dem man einen teuren Fächer geschenkt hat; er paradiert und ziert sich … Bald preßt er die Hände an die Schläfen, bald krümmt er sich und zieht, als hätte er Schmerzen, die Beine unter den Sessel, bald blinzelt er genießerisch mit den Augen wie ein Kater auf dem Sofa … Endlich streckt er, nicht ohne Zaudern, die Hand nach dem Tintenfaß aus und schreibt mit einer Miene, als unterzeichne er ein Todesurteil, die Überschrift hin …

Anton Tschechow

Holländische Teereklame, spätes 19. Jahrhundert

Die beiden Damen waren bei nassem Schneewetter um Mitternacht in einer Taxi-Droschke nach Hause zurückgekehrt. Rosalie fröstelte. »Laß mich«, sagte sie, »liebes Kind, noch für eine halbe Stunde bei dir einkehren, in deinem gemütlichen Schlafzimmer. Mich friert, aber mein Kopf, der glüht, und an Schlaf, fürchte ich, wird so bald nicht zu denken sein. Wenn du uns einen Tee machtest, zu guter Letzt, ich meine, das wäre nicht schlecht. Diese Rollwagen'sche Bowle setzt einem zu. Rollwagen braut sie selbst, hat aber nicht die glücklichste Hand dabei und gießt einen zweifelhaften Apfelsinenschabau in den Mosel und dann deutschen Sekt. Wir werden morgen wieder alle gehörige Kopfschmerzen, einen bösen hang-over haben. Das heißt, du nicht. Du bist besonnen und trinkst nicht viel. Aber ich vergesse mich beim Plaudern und achte nicht darauf, daß sie mein Glas immer auffüllen, und denke, es ist noch das erste Glas. Ja, mach uns einen Tee, das ist recht. Tee regt an, aber er beruhigt zugleich, und ein heißer Tee, im rechten Augenblick genommen, schützt vor Erkältung. Bei Rollwagens war es überheizt – jedenfalls kam es mir so vor –, und dann draußen das Schlackerwetter. Meldet am Ende gar schon der Frühling sich darin an? Heut mittag im Hofgarten glaubt' ich ihn tatsächlich schon zu erschnuppern. Aber das tut deine närrische Mutter, sobald nur der kürzeste Tag vorbei und das Licht wieder wächst. Eine gute Idee, daß du die elektrische Sonne einschaltest; hier ist die Heizung schon schwach geworden. Mein liebes Kind, du weißt es uns behaglich zu machen und trauliche Umstände herzustellen für ein kleines Gespräch unter vier Augen vor Schlafengehen. Sieh, Anna, ich habe längst den Wunsch nach einer Aus-

sprache mir dir, – zu der du mir, da hast du recht, die Gelegenheit nie vorenthalten hast. Aber es gibt Dinge, Kind, zu deren Aussprache, deren Besprechung es besonders trauliche Umstände braucht, eine günstige Stunde, die einem die Zunge löst …«

»Was für Dinge, Mama? Mit Rahm kann ich nicht aufwarten. Nimmst du ein paar Tropfen Zitrone?«

Thomas Mann

Der Apotheker Diot hat sich entschuldigt ob der Geruchlosigkeit des Präparats. Er wäre schon etwas alt, hat er erklärt, nach einigen Monaten verflüchtige sich der Geruch, aber das tue der Wirksamkeit nicht den geringsten Abbruch; ganz genau diese Worte hat er gebraucht: Der Wirksamkeit nicht den geringsten Abbruch. Einige Tropfen in den Tee und … und was? Sie wirft sich auf ihr Bett, versteckt ihr Gesicht in dem weichen Weiß der Kissen. Wie kommt sie darauf? Sie, Susanne, die noch nie einer Mücke etwas zuleid getan hat. Ihre Antipathien sind immer nur bis zum Wunsch gegangen. Sie hat einmal ihrem Vormund, ein andermal Frau Emery den Tod gewünscht. Dem Vormund vielleicht sogar mehrere Male. Sie will ganz ehrlich mit sich selbst sein. Er hatte ihr auch wirklich viel Ungerechtigkeit widerfahren lassen. Aber damals war sie noch ein kleines Mädchen gewesen. Kinder sind grausam ohne es zu wissen. Jetzt aber, als erwachsener Mensch, bewußt an einem anderen Wesen einen Mord zu begehen? Ah, was für ein Wort! Wozu diese theatralische Bezeichnung für eine so

einfache Handlung, die darin besteht, einige Tropfen einer Flüssigkeit in eine Tasse Tee zu schütten. [...]

Der Tee sieht besonders dunkel in dem opalenen Glas aus, das einen milchigen Widerschein auf die Flüssigkeit wirft.

»Malou bekommt ganz hellen Tee«, sagt Susanne, als sie die drei in der Küche vorbereiteten Tassen auf dem Servierbrett hereinträgt. Die Unsicherheit ihrer Hände ist so stark, daß das Brett schaukelt und der Tee überschlägt und in die Unterteller tröpfelt. Ihre Angst, die Tassen zu verwechseln, ist maßlos.

»Wieviel Zucker, Gaby? Noch einen, noch einen«, fleht sie förmlich. »Und etwas Milch, nicht wahr?« Ein eventueller verdächtiger Geschmack wird durch den Zucker versüßt, die Milch aber macht den Tee wolkig, so daß Gaby nicht auf den Grund der Tasse sehen kann, und Susanne fürchtet ja so sehr, daß eine Trübung, ein Niederschlag auffällt. Die krankhafte Zwangsvorstellung, sich in den Tassen geirrt zu haben, überfällt sie. Nur nicht die falsche Tasse vor das Kind hinstellen, hat sie in der Küche unausgesetzt gedacht. Es ist um so schwerer, die Tassen auseinanderzuhalten, als sich diese verdoppelt haben. Aus dreien sind sechs geworden. Und das kommt daher, daß sich die Vision von der teetrinkenden Gaby, die sie seit zwei Tagen und Nächten verfolgt, zwischen sie und die wirkliche Gaby schiebt. Und wie verschieden die beiden auch voneinander sind, sie sehen sich doch zum Verwechseln ähnlich. Ganz genau so hatte die Gaby ihrer verbrecherischen Träume die Finger an den Henkel gelegt wie jetzt die echte. Gaby, das Kind, die Tassen, alles ist noch einmal da, und darum ist es nur zu leicht möglich, daß sie sich geirrt hat. Und

wenn sie sich auch nicht geirrt hat, man muß auf unvorgesehene Zufälle gefaßt sein. Malou kann plötzlich aus Versehen die Tasse der Mutter nehmen. Vielleicht auch bittet sie diese, wenn sie schon ausgetrunken – Kinder trinken schnell und gierig – ihr noch einen Schluck aus ihrer Tasse abzugeben. Das Kind ist gewiß durstig. Es hat so viel süße Kuchen gegessen. Es heißt aufpassen, ihm schnell wieder neuen Tee einschenken. Und während Susannes metallener Blick wie gebannt an Gaby hängt, die eben ihre Tasse an die Lippen setzt, gibt sie ihr die besten, uneigennützigsten Ratschläge zur Förderung ihres Geschäfts. Sie hat aus dem Buchladen die neuesten Nummern der Pariser Modezeitschriften mit heraufgenommen. Beide sitzen nun so eng, als läge nicht eine Gruft in des Wortes wahrster Bedeutung zwischen ihnen.

»Ich würde die neuen weißen Filzhütchen mit schwarzen Pleureusen und Hahnenfedern garnieren, Gaby.« Es scheint ihr, als wären Tage, Wochen vergangen, seit Gaby den Tee zu sich genommen hat, als wäre sie gealtert. Nicht mehr dreiundzwanzig Jahre alt, sondern eine Greisin, die die tragischsten Augenblicke ihres Lebens längst hinter sich hat. Und doch steht ihr das Schlimmste noch bevor. Werden sich die Folgen bald bemerkbar machen oder später? Sie muß Gaby dazu bringen, sich schnell zu verabschieden.

Claire Goll

III. TEEWISSEN

1. Theoretisches

ALAIN STELLA

TEEGÄRTEN

Wenn man wissen möchte, was die besten Teegärten der Welt – vom Fernen Osten bis Westafrika – gemeinsam haben, dann sollte man sie nachts aufsuchen. Nach Anbruch der Dunkelheit gleicht einer dem anderen: Sie sind alle wolkenverhangen und durchweht von einem kühlen Bergwind, und sie liegen unter dem gleichen Regen. Überall hört man die gleichen Geräusche des Wassers: das Prasseln des Regens auf den Blättern, das Tosen der Wildbäche und der Wasserfälle. Und überall verspürt man den gleichen Geruch von warmer, feuchter Erde. Damit der Tee subtilste Aromen ergibt, benötigt er, in welcher Gegend der Welt er auch wächst, ein feuchtes, gemäßigtes Klima, sonnenwarme Tage, regenreiche Nächte und reine Höhenluft. Erst im Morgengrauen, beim ersten Zwitschern der Vögel, wenn sich die Wolken über den Berggipfeln auflösen oder auf den Grund der Täler sinken, wenn die ersten Sonnenstrahlen die Nebel auflösen und auf den Blättern in schillernde Tautropfen verwandeln, dann entdeckt man allmählich die unendliche Vielfalt der Teelandschaften. Jetzt ist von Japan bis Kamerun kein Teegarten wie der andere. Die Farbe der Erde, das Relief der Berge, die umgebende Vegetation und die Teepflückerinnen, die um diese Zeit kommen, sind nirgendwo die gleichen.

BERND MERZENICH UND AL IMFELD

BOTANISCHES

In alten chinesischen Schriften werden Tee bzw. Teepflanze unter verschiedenen Namen *T'u, She, Ch'uan, Kia* oder *Ming* erwähnt. Seit dem 5. Jahrhundert bürgerte sich in China und Japan das bis heute gebräuchliche Wort *Ch'a* ein. Im Amoy-Dialekt ist von *T'e* die Rede; diese Bezeichnung wurde mit der Einführung des Tees durch Holländer und Engländer im 16. Jahrhundert in Europa übernommen. Der deutsche Arzt und Forschungsreisende Engelbrecht Kaempfer (1651 bis 1716) und der schwedische Botaniker Carl von Linné (1707 bis 1778) führten den botanischen Namen *Thea* ein.

Die Teepflanze gehört innerhalb der botanischen Familie der *Theaceae* zur Gattung der Kameliengewächse. Man unterscheidet zwischen den beiden Arten *Thea* (oder *Camellia*) *sinensis* und *Thea* (*Camellia*) *assamica,* wobei sich die Wissenschaftler uneins sind, welche von beiden die ursprüngliche Teepflanze ist. Tee ist ein immergrünes Baumgewächs mit gelblich-weißen Blüten und hartschaligen, haselnußähnlichen Früchten. Die kurzstieligen, lederartigen Blätter besitzen einen gezahnten Rand. Die Unterseite der jüngeren Blätter sowie die Blattknospen sind mit einem feinen Flaum bedeckt, der – bei den Blatt-Tees – nach der Verarbeitung als silbriger Schimmer sichtbar ist.

Der Tee benötigt zum guten Gedeihen geeignete Umweltbedingungen: mittlere Jahrestemperaturen von mindestens 18 °C und Höchstwerte von 32 °C im Schatten, keinen bzw. seltenen und mäßigen Frost, täglich mindestens vier Stunden Sonne und gleichmäßig über

as Jahr verteilte Regenfälle von wenigstens 1600 Litern.)ie Teepflanze, die eine bis zu sechs Meter lange Pfahlwurzel entwickelt, braucht einen tiefgründigen, gut rchlüfteten, nährstoffreichen und sauren Boden. Berg-en werden zum Teeanbau nicht nur wegen ihrer gen bevorzugt, sondern ebenso aufgrund ihrer en zur Entwässerung: Tee verträgt keine isse. In vielen Anbaugebieten schützt man pflanzungen durch Schattenbäume vor zu starker nneneinstrahlung und Bodenerosion.

Die Grundlage aller Teekulturen bilden die beiden »Ur-Teepflanzen« *Thea sinensis* (Chinapflanze) und *Thea assamica* (Assampflanze). Die *Thea sinensis* bleibt auch ohne Beschneiden strauchartig und wächst nicht höher als drei bis vier Meter. Sie entwickelt kleinere und zartere Blätter als die Assampflanze, eignet sich besonders für gemäßigte Klimazonen und verträgt sogar Frost. Die *Thea assamica* dagegen wächst, unbeschnitten, zu einem Baum von bis zu 15 Meter Höhe. Sie treibt größere Blätter und bringt höhere Erträge als die Chinapflanze; als reines Tropengewächs benötigt sie viel Wärme.

Regelmäßiges Beschneiden hält die Teepflanzen auf einer Höhe von etwa einem Meter. Der Teebusch bleibt so in seiner vegetativen Phase und treibt immer wieder neue Blätter und Äste. Ließe man ihn seine reproduktive Phase, in der er blüht und Früchte trägt, erreichen, würde er kaum neue Triebe entwickeln. Darüber hinaus ist die Höhe von etwa einem Meter optimal für ein bequemes und schnelles Pflücken.

Um gleichzeitig widerstandsfähigere, für die verschiedenen Anbaugebiete und Umweltbedingungen besser

geeignete, ertragreichere, aromatischere sowie gegen Schädlinge und Pflanzenkrankheiten in den unterschiedlichen Regionen resistentere Teepflanzen zu erhalten, wurden die beiden Urpflanzen immer wieder gekreuzt. Die so entstandene Assam-Hybride hat sich dabei als besonders vorteilhaft erwiesen und diente als Pflanzmaterial für die meisten Teeanbaugebiete der Welt.

Dies bedeutet jedoch nicht, daß die Unterschiede zwischen den verschiedenen Teesorten in Qualität und Geschmack überwiegend auf die Teepflanze selbst zurückzuführen sind. Wesentlich wichtigere Faktoren sind Anbaugebiete, Höhenlage, Klima, Sonneneinstrahlung, Bodenbeschaffenheit, nicht zuletzt die Sorgfalt beim Pflücken und bei der Weiterverarbeitung des Blattgutes. Schon innerhalb einer einzigen Anbauregion oder selbst einer großen Plantage erhält man eine Vielzahl unterschiedlicher Tees, deren Geschmack und Qualität je nach Jahreszeit verschieden ausfallen. In dieser Beziehung läßt sich Tee am ehesten mit Wein vergleichen: Jeder Weinberg in jedem Jahrgang bringt seinen gleichzeitig typischen und individuellen Wein hervor. Ein Weintrinker weiß, daß sein bevorzugter Rebensaft in jedem Jahrgang leicht anders ausfällt, die meisten Teetrinker hingegen legen offensichtlich Wert darauf, daß ihr Tee ständig gleich schmeckt. Die Mehrzahl der Verbraucher wählt ihre Teesorte nicht nach einem bestimmten Anbauland oder -gebiet aus, sondern orientiert sich an den Markennamen der Teehandelsfirmen und akzeptiert damit eine ständige Geschmacksvereinheitlichung und Qualitätsverflachung. Sind Mischungen aus Tees einer einzigen Anbauregion noch sinnvoll, so entsprechen vor allem Billigmarken häufig einem Verschnitt aus einem

sauren rheinischen Riesling, einem schweren badischen Gewürztraminer, einem trockenen Bordeaux-Rotwein und einem süßen ungarischen Rosé – ein Frevel für jeden Weinliebhaber.

Beim Sortieren des Tees

HELLMUT GRÖSSER

ANBAUGEBIETE

Tee aus Indien

So verschieden wie die Anbaugebiete der indischen Spitzentees, die zum Teil Tausende von Kilometern auseinanderliegen, sind auch Blume, Tasse, Farbe und Stärke der Tees: somit hat jede Sorte ihre eigene charakteristische Note.

Darjeeling, ein kleines Städtchen im Norden, gab der wohl bekanntesten Teesorte ihren Namen. Die Darjeeling-Plantagen liegen 2000 Meter hoch an den Südhängen des Himalaya-Gebirges, im Gebiet der Ströme Teesta, Balasan und Mechi. Hier also wachsen, begünstigt durch kühle Nächte und intensive Gebirgssonne, die edelsten und kostbarsten Tees der Welt. Der naturbedingte langsamere Blattwuchs verleiht ihnen ein besonders intensives, liebliches Aroma. [...]

Der ursprünglich im Darjeeling-Distrikt erzeugte Tee wurde aus dem Strauch Thea sinensis gewonnen. Erst in letzter Zeit fand er durch Kreuzungen mit dem erst 1923 in Assam entdeckten Thea assamica in den sogenannten Blendings mehr und mehr zu seinem unverwechselbaren Charakter.

Noch eine Information am Rande: Zwei der ältesten Pflanzungen in Darjeeling, »Steintal« und »Happy Valley« sollen vor langer Zeit von deutschen Missionaren oder Einsiedlern gegründet worden sein.

Assam, eine Hochebene zu beiden Seiten des Brahmaputras, ist der größte zusammenhängende Teedistrikt der Welt. Hier wird in etwa 2000 Gärten ein besonders kräftig-würziger Tee geerntet, der wegen seiner feinen Qualität die Grundlage für viele begehrte Mischungen bildet (eine der bekanntesten bei uns ist die »Ostfriesische Mischung«). Assam-Tee zeichnet sich durch die würzige, kräftige Tasse aus, gießt schon nach kurzer Zeit des Ziehenlassens dunkelfarbig ab und schmeckt angenehm vollmundig nach. [...]

Tee aus Ceylon

Heißt auch die grüne Insel am Golf von Bengalen heute offiziell Sri Lanka, so wollen wir hier zwar unkorrekt, aber ohne schlechtes Gewissen weiterhin von Ceylon reden. Denn dieser Name ist eben untrennbar mit den Tees verbunden, die sich durch so angenehme, kräftigherbe Frische auszeichnen.

Wer heute die schier endlosen Reihen von Teegärten bestaunt, wird kaum glauben, daß der erste Anbau erst gut hundert Jahre zurückliegt. Der Engländer James Taylor war es, der – nachdem 1867 die Kaffeepest Ceylons vorherige riesige Kaffeeplantagen vernichtet hatte – auf dem Loolecondera Estate den ersten Tee anpflanzte; ein Produkt, von dem jetzt praktisch die ganze Insel lebt.

Nicht nur die Lebensbeziehung des Volkes zum wichtigen Wirtschaftsfaktor Tee ist eng. Genauso intim ist das Verhältnis zwischen den sehr guten Ceylon-Qualitäten und dem Wind, produzieren doch die drei

Hauptanbaugebiete [Uva-Distrikt, Dimbula-Distrikt, Nuwara-Eliya-Distrikt] ihre Spitzentees im Wechselspiel der Monsune. [...]

Tee aus China

China ist zweifellos das Ursprungsland des Tees. Hier wurde erstmals Tee angebaut, hergestellt und getrunken, und die Kunst des Umgangs mit dem aromatischen Elixier wurde im Laufe vieler Jahrhunderte immer weiter entwickelt und verfeinert. Noch Mitte des 19. Jahrhunderts war das Reich der Mitte der einzige Tee-Exporteur überhaupt.

Heute ist die Volksrepublik China mit über 590 000 Tonnen jährlich zweitgrößter Produzent (nach Indien) und mit ca. 184 000 Tonnen drittgrößter Exporteur (nach Indien und Ceylon). Etwa zwei Drittel des erzeugten Tees werden also im eigenen Land konsumiert.

Angebaut wird in allen südlichen und mittleren Provinzen; früher geschah dies ausschließlich auf kleinen, von Bauern bewirtschafteten Pflanzungen, heute immer mehr auf Großplantagen. Das chinesische Teeangebot ist ungewöhnlich vielfältig, aus jeder Provinz kommen Dutzende verschiedener Sorten Grüntee, Oolong und Schwarztee. [...]

Tee aus Kenia

Von den ersten Anpflanzungen weiß man aus den Jahren 1904 bis 1912; der Chronik zufolge wurden damals im Kericho-Distrikt Pflanzen der »China Hybride« gesetzt, die man von der Mt.-Vernon-Plantage aus Ceylon im-

Teekiste, Anfang 20. Jahrhundert

portiert hatte. Den professionellen Teeanbau starteten dann in den 20er Jahren zwei überseeische Firmen in Zusammenarbeit mit den Einheimischen. Trotzdem dauerte es noch drei Jahrzehnte, bis am 7.11.1957 in Nairobi die erste Auktion stattfand.

Kenia legt seit jeher großen Wert auf den Privatanbau von Tee, insbesondere auf den der Kleinstbauern. Die Anbaugebiete liegen im Hochland und reichen teilweise bis an die Stadtgrenze der Hauptstadt Nairobi heran. [...]

HAROLD NICOLSON

MEILENWEIT NUR TEE

Inzwischen sind wir hoch oben im Gebirge, und Hodson überredet uns, einen Aussichtsturm zu besteigen, von dem man, wie er uns versichert, einen wunderbaren Blick über die Ebene bis zum Java-Meer habe. Doch alles, war wir sehen, sind wirbelnde Wolken und schottischer Nebel, der die Ebene verbirgt. Um uns her erstrecken sich meilenweit die Teepflanzungen mit ihren kräftigen kleinen Büschen, wie Gardenien auf drei, vier Fuß heruntergeschnitten und in langen Reihen angepflanzt. Nur die wenigen frischen Blätter an der Spitze eines jeden Busches werden gepflückt und in die Fabriken geschickt. Zwischen den Büschen ist eine Art Waldmeister gepflanzt, dessen Samen Hodson aus Ceylon mitgebracht hat und der eine ausgezeichnete Bodenbedeckung und Düngung bildet. Die Arbeiter, die die zarten, vom Nachtregen noch nassen Blätter in umgehängte Körbe pflücken, tragen die Ernte in ungeheure Scheu-

nen hinunter. Wenn sie den Inhalt der Körbe ausgeleert haben, ziehen sie ihre nassen Lumpen aus und waschen sich völlig nackt an den Wasserleitungen, ehe sie ihre Batik-Sarongs anziehen.

Danach fahren wir in eine Teefabrik. Das erste Stadium ist das Trocknen. Die frischen Blätter werden, ähnlich wie in England der Hopfen, auf breite, mit Segeltucheinsätzen versehene Regale geschüttet. Dort werden sie oberflächlich getrocknet und danach – während der Nacht – fermentiert. Darauf kommen sie in eine wirklich brutale Maschine, die sie stampft und schüttelt, rollt und quält, bis alle Feuchtigkeit aus ihnen herausgepreßt ist. In einer großen hellen Scheune werden sie dann von Frauen jeden Alters nach ihrer Qualität sortiert. Schließlich erreichen wir das Endstadium, wo die Haufen getrockneter Blätter sorgfältig als »Pekoe« oder mit ähnlichen Bezeichnungen etikettiert werden. Und schließlich kommen wir in ein kleines Zimmer, in dem ein Tisch, zwei Stühle, ein elektrischer Wasserkessel, eine Teekanne und drei blaue Teetassen in einer Reihe stehen.

DIE ZEHN GRÖSSTEN TEEPRODUZENTEN UND -EXPORTEURE

Weltproduktion 1995: ca. 2,5 Mio. Tonnen, davon:

	t	%
Indien	753 922	30,2
China	588 423	23,6
Sri Lanka	246 424	9,9
Kenia	244 525	9,8
Indonesien	133 040	5,3
Türkei	104 680	4,2
Japan	84 804	3,4
Bangladesch	47 168	1,9
Iran	45 000	1,8
Vietnam	34 000	1,4

Weltexport 1995: ca. 1,1 Mio. Tonnen, davon:

	t	%
Kenia	237 489	22,0
Sri Lanka	235 036	21,8
China	168 543	15,6
Indien	162 761	15,1
Indonesien	79 227	7,3
Argentinien	41 113	3,8
Malawi	32 648	3,0
Bangladesch	25 428	2,3
Tansania	19 000	1,8
Vietnam	14 000	1,3

Nach: International Tea Comittee

Englisches Teefrühstück, 19. Jahrhundert

WERNER F. J. SCHMITT

VOM BLATT ZUM TEE

Der Teestrauch soll Blätter und nicht Blüten erzeugen und muß in einer niedrigen Form gehalten werden, die es der Pflückerin ermöglicht, ohne Hilfsmittel an die Triebspitzen zu gelangen. Gepflückt wird selektiv, das heißt, es wird nicht wahllos jeder junge Trieb abgepflückt, sondern diejenigen, die mit zwei Blättern und einer Knospe (Two leaves and the bud) die optimale

Größe haben. Es wird nur so viel in einer Pflückrunde gepflückt, daß die Pflanze nicht über Gebühr geschwächt wird.

Die Qualität des Tees hängt davon ab, ob das Pflückgut gleichmäßig ist, der Tee ist also so gut wie die Pflückerin und das kontrollierende Management.

Beim Darjeeling mit seinen relativ kleinen Blättern kommen 6000 bis 9000 »Schüsse« auf ein Kilogramm fertigen Tee, bei größerem und gröberem Blattgut, wie im benachbarten Assam, kommt man mit etwa 3000 Schüssen pro Kilogramm Tee aus.

Die Pflücksaison und die Zahl sowie das Aufeinanderfolgen der Pflückrunden wird in den einzelnen Anbaugebieten durch die Vegetationsperiode vorgegeben. In tropischen Anbaugebieten mit feucht-warmem Klima und ganzjähriger Vegetationsperiode rechnet man mit bis zu 30 Pflückrunden. »Pflückmaschinen« werden in großem Maße nur in Georgien verwendet. Der so geerntete Tee ist nicht selektiv gepflückt und genießt international keine Wertschätzung, ist aber auch entsprechend billig.

Gleich nach dem Pflücken werden die grünen Blätter zur Fabrik gebracht. Es ist wichtig, daß die Verarbeitung im frischen Zustand erfolgt, die Anlieferung also mehrmals am Tag. Zuerst kommt das Welken, wobei den Teeblättern etwa 30% ihrer Feuchtigkeit entzogen wird, um sie für das dann folgende Rollen weich und geschmeidig zu machen. Früher geschah das auf großen Hürden, heute erledigen es Ventilatoren, die acht bis zwölf Stunden lang das auf Drahtnetzen lagernde Blattgut mit Heißluft bestreichen.

Beim Rollen werden die Zellwände der Blätter aufge-

brochen, damit der austretende Zellsaft mit Luftsauerstoff in Berührung kommt. 30 Minuten wird in der Rollmaschine zwischen zwei Messingplatten gerollt, dann das »erste Dhool« der saftfeuchten geklumpten Blätter abgesiebt. Es wird weitergerollt, das »zweite Dhool« abgesiebt, später das dritte. Danach verbleibt nur das grobe Blattgut.

Immer mehr setzt sich die CTC-Methode durch, wobei die Blätter vor dem Rollen von Dornenwalzen zerrissen werden und auch nur ein 30minütiger Rollvorgang stattfindet. Dabei werden Stengel und Blattrippen weitgehend ausgeschieden.

Schon während des Rollens hat die Fermentation eingesetzt, wie die Oxydation des ausgeschiedenen Zellsaftes genannt wird. Dazu schichtet man das Blatt etwa 10 cm hoch auf den Boden oder auf große Tische und befeuchtet es gut. Nach etwa zwei bis drei Stunden, wenn der Tee eine kupferrote Färbung angenommen hat, wird der Fermentationsprozeß durch das Trocknen unterbrochen. Das geschieht heute im Heißlufttrockner.

Früher wurde in großen Pfannen auf dem Feuer getrocknet, woher die noch weit verbreiteten Begriffe »Rösten« und »Feuern« (Firing) stammen.

Das Trocknen dauert in einem modernen Heißlufttrockner nur etwa 20 Minuten. Dabei wird der Zellsaft angetrocknet, und aus der kupferroten Färbung ergibt sich eine schwärzliche. Anschließend erfolgt die Sortierung (maschinelles Aussieben) in die einzelnen Blattgrade.

Beim grünen Tee entfällt der Vorgang des Fermentierens. Die Blätter werden nach dem Welken nur leicht gerollt und dann durch Kurzzeiterhitzung getrocknet.

Die normale Verpackung des Tees »ab Fabrik«, die sein Aroma optimal erhalten soll, besteht aus Sperrholzkisten, die mit Aluminiumfolie und Seidenpapier ausgeschlagen werden.

HEINZ VEJPUSTEK

GLOSSAR I – WISSENSWERTES ZU TEEANBAU, ERNTE UND SORTIERUNG

Bezeichnungen beziehen sich auf die Größe und das Aussehen des Blattes, nicht die Qualität, z.B. ist ein Darjeeling FBOP = Flowery Broken Orange Pekoe; Ceylon SFTG = Special Fine Tippy Golden. Achtung: »Orange« hat nichts mit Orangen zu tun, sondern stammt vom Königshaus Oranien ab. Pekoe wird »peko« ausgesprochen.

Flowery	= blumig
Fine	= fein
Orange Pekoe	= königlich jung-zarte Blätter
Tippy Golden	= mit goldfarbenen Blattspitzen

Blattgröße. Nur 2 Prozent der Weltproduktion wird als ganzes Blatt gehandelt, 98 Prozent als Broken, Fannings und Dust, also »kleinblättrig«.

Blend. Aus den rund 5000 Teegebieten der Welt kommen Tees unterschiedlichster Art und Qualität. Um einen gleichbleibenden Geschmack und die gewünschte Markenqualität zu erreichen, werden »Blends« = Teemischungen vorgenommen.

Dust. Fälschlicherweise aus dem Englischen ins Deutsche mit Teestaub übersetzt. Der eigentliche Teestaub (Abfälle) heißt jedoch Fluff. Dust ist hingegen die feinste

Sortierung von Tee, sehr ergiebig, weil sie praktisch nur aus Blattfleisch besteht. Sie eignet sich besonders für Teebeutel.

Ernte. 12–13000 Pflanzen je Hektar = etwa 12000 kg grüner Tee = etwa 3000 kg schwarzer Tee.
1 kg schwarzer Tee = 4 kg grüner Tee.
Eine Pflückerin erntet 20–30 kg grünen Tee pro Tag.

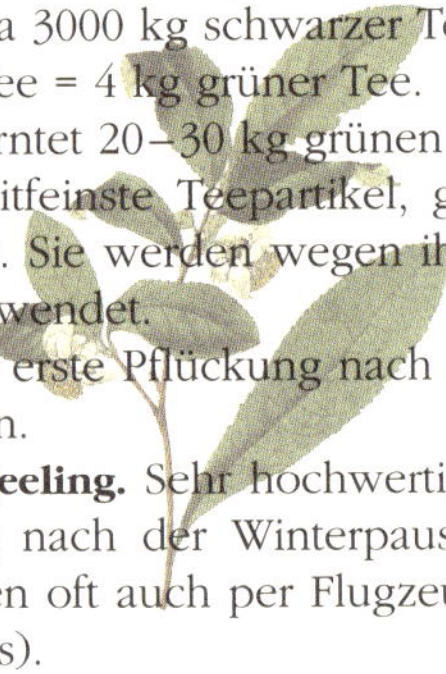

Fannings. Zweitfeinste Teepartikel, gröber als Dust, feiner als Broken. Sie werden wegen ihrer Ergiebigkeit für Teebeutel verwendet.

First flush. Die erste Pflückung nach dem Monsunregen in Nordindien.

First flush Darjeeling. Sehr hochwertiger Tee aus der ersten Pflückung nach der Winterpause (März/April); diese Tees werden oft auch per Flugzeug versandt (sogenannte Flugtees).

FOP = Flowery Orange Pekoe. Dieser Tee wird gepflückt, wenn die Triebe im Aufblühen sind.

Golden (tips). Junge, weißliche Blattspitzen, die einen sehr hochwertigen Tee mit wenig Gerbstoffen ergeben.

Grade. Bezeichnung für die Sortierung des Tees nach Blattarten und Größe.

Gunpowder. Grüner Tee aus China und Taiwan (Formosa), der ein kugeliges, fleischiges Blatt aufweist. Er ist »dünn in der Tasse«.

Oolong. Halbfermentierter, duftiger Chinatee, vor allem aus Taiwan (Formosa), der nach dem Abwelken des Blattes mehrere Male im steten Wechsel gerollt, fermentiert und getrocknet wird, wobei die Fermentation ebenso oft unterbrochen wird und sich daher nicht voll entwickeln kann. Diese Tees sind besonders in den USA beliebt.

O.P. (oder OP). Abkürzung für »Orange Pekoe«, wobei sich »Orange« von Oranien (etwa im Sinne von »königlich«) ableitet und die 2. Güteklasse bezeichnet, bei der das 1. Blatt bereits entfaltet ist. Diese Bezeichnung hat heute als Qualitätskriterium keine Bedeutung mehr.

Pekoe, chin. »Frauenhaar«, ist die Bezeichnung für den nächst gröberen Blattgrad nach »Orange Pekoe«.

Pekoe Souchong. Ein aus der »groben Pflückung« (4. bis 6. Blatt) gewonnener Tee.

Produktion. Am Beginn steht jeweils das Pflücken, am Ende jeweils das Sortieren. Beim schwarzen Tee sind ferner Welken, Rollen, langes Fermentieren und Trocknen erforderlich. Beim Oolong tritt anstelle des langen Fermentierens die unterbrochene Fermentation. Beim grünen Tee entfällt diese zur Gänze. Die Hauptproduktionsstufen sind hier Dämpfen, Rollen und Trocknen. Der weiße Tee wird nur gerollt und getrocknet.

Second flush. Bezeichnung für die Sommerpflückung (Mai/Juni) in Darjeeling.

Sortierung. Am Ende des Produktionsvorgangs wird der Tee nach Größe (grades) sortiert. Man unterscheidet dabei Blattgrade und Brokengrade. Divergenzen bei der Benennung der Feinheitsgrade ergeben sich dadurch, daß die alte englisch-indische, die neue indische, die chinesische und die moderne Skala voneinander abweichen.

Staub. Die Fachbezeichnung für Teestaub ist »fluff«. Im Gegensatz zum weitverbreiteten Irrtum und Vorurteil wird der Teestaub nach der Sortierung entfernt. Gute Teefirmen entstauben den angelieferten Tee nochmals in den europäischen Abpackländern. Natürlich enthalten

Teebeutel keinen Teestaub, sondern die beiden kleinsten Größenordnungen von Tee, nämlich Fannings und Dust.

In einigen Anbauländern wird Teestaub, ähnlich dem Teeziegel, gepreßt und meist an unterentwickelte Länder verkauft. Diese Qualität reicht aus, Teekonzentrate herzustellen.

Tip oder »Spitze« bezeichnet man das Hüllblatt der Blattknospe, das mit feinen weißlichen Härchen besetzt ist, bzw. allgemein die hellen Teile des Tees, die sich durch das Pflücken von Blattspitzen ergeben.

Tippy Teas haben einen beträchtlichen Anteil an Tips und ergeben eine mild-aromatische Tasse mit geringer Gerbsäure.

AREND VOLLERS

GLOSSAR II – DIE WEGE DES TEES

Boston Tea Party. Ausgangspunkt des amerikanischen Unabhängigkeitskrieges. Reaktion erboster Bostoner Kolonialisten auf die geldgierige Teesteuerpolitik der britischen Kolonialregierung. Als Indianer verkleidet, stürmten sie im Jahre 1773 im Bostoner Hafen ein mit Tee beladenes Schiff und warfen die gesamte Ladung ins Wasser. Diese Aktion bildete den Auftakt für den amerikanischen Unabhängigkeitskrieg. Insofern verdanken die mächtigen USA dem harmlosen Tee ihre Existenz.

Britisch-Ostindische Kompanie. Die British East India Company, auch John Company genannt, beherrschte von 1600 bis 1833 den Ostasienhandel.

Handelskompanien wurden von den europäischen Staaten seit dem 16. Jahrhundert mit Monopolen und anderen Privilegien gefördert. So konnten die Ostindischen Kompanien nicht nur ihre Schiffe bewaffnen, sondern auch in den damals entdeckten überseeischen Gebieten befestigte Niederlassungen einrichten, Münz- und Gerichtshoheit und damit alle Funktionen eines eigenen Staates ausüben.

Die Mitglieder betrieben das Geschäft anfangs auf eigene Rechnung, später mit Kapitaleinlagen, entsprechend denen die Gewinne verteilt wurden, ähnlich wie in einer modernen Aktiengesellschaft. [...]

Karawanentee. Der Name signalisiert beste Qualität. Als er eingeführt wurde, ließ – allgemein zugegeben und bedauert – der mit dem Schiff aus Ostasien nach Europa transportierte Tee an Qualität zu wünschen übrig. Die hölzernen Schiffsrümpfe mit ihren ungelüfteten Laderäumen waren feucht und voller dumpfer Luft. Das übertrug sich auf den Tee, der in London in bedauernswertem Zustand ankam. Obwohl die Kapitäne unten in den Rumpf zuerst als Ballast chinesisches Porzellan, dann Tee minderer Sorten und ganz obenauf die besten Sorten luden, konnte das Übel nicht beseitigt werden, war man doch monatelang auf dem Meer.

Diesen Widrigkeiten war der Tee, der auf dem Rücken von Kamelen (und anderen Tragtieren) von China durch Innerasien transportiert wurde, nicht ausgesetzt. Dafür war er – dem Aufwand gemäß – teurer. Karawanentee wurde »über Rußland« gehandelt.

Tea Races. Die Wettfahrten der Klipper mit dem Tee der neuen Ernte von Ostasien nach England Mitte des letzten Jahrhunderts.

Teehandel. Seit den Tagen der East India Company

haben sich die Verhältnisse gewendet: Man muß als Teehändler dabei sein. Und deshalb ist die Zahl der international agierenden Händler auf einen überschaubaren Kreis begrenzt. In Deutschland unterscheidet man zwischen den Großpackern, die selbst an Ort und Stelle einkaufen, und den Importeuren, die bevorraten und lagern und dann von ihrem Lager an kleinere Teepacker verkaufen.

Drehscheiben des internationalen Teehandels sind *Kalkutta, Colombo* und *London*.

Jede Woche findet dort eine Auktion statt; es werden die teuersten Tees der Welt verkauft.

Bei den Auktionen stehen sich in London, wie schon seit Generationen, Verkaufsmakler der Plantagen und Einkaufsmakler der Käufer gegenüber. Schon Wochen vor der Versteigerung müssen die betreffenden Tees zur Verfügung stehen. Beeidigte Lagerhausfirmen lassen aus einer größeren Zahl von Kisten Muster ziehen. Diese Muster gehen mit dem Auktionskatalog in die ganze Welt, und aus dem Katalog sind Kistenzahl, Blattgrad, Plantage, Erntewoche, Verkäufer, Makler und alle Details ersichtlich. Die sogenannte Valuation, die Preisbewertung des Verkäufers, gibt lediglich einen Anhalt, ist jedoch nicht verbindlich für den endgültigen Preis. Seit einiger Zeit finden in *Indien* auch Auktionen näher bei den Produktionsgebieten statt. In *Siliguri* im Norden, werden Darjeeling- und Dooars-Tees gehandelt, in *Gauhati* die Assam-Produktion, in *Cochin* und *Coonoor* die südindischen Tees. Wichtigste Käufer sind dort die englischen Großfirmen und daneben einige neu ins Geschäft getretene indische Firmen, die für den eigenen indischen Markt ordern.

Die *Londoner Auktion,* neben China der zweite histo-

risch bedeutende Handelsplatz für Tee, hat nicht mehr ihren alten führenden Rang. Durch Handelsrestriktionen haben die Länder der Dritten Welt es durchgesetzt, daß ihre Plantagen – früher in vielen Fällen im Besitz britischer Staatsbürger – ihre Tees im Ursprungsland auf den Markt bringen. London hat nur für afrikanische Tees noch eine gewisse Bedeutung. Folglich haben die großen britischen Teekäufer wie Brooke Bond, Lipton, Typhoo ihre Einkaufsniederlassungen in den Ursprungsländern des Tees beträchtlich verstärkt. [...]

H. C. ARTMANN

DER TEEHÄNDLER

1. Von China bis nach Bremen ist es ein langer weg. Wie spät haben wirs? Die uhr wird gleich schlagen!

2. Über die stadt fällt ein milder regen, die leute fackeln nicht viel, sie spannen ihre schirme auf, stellen sich unter, betreten läden und shops.

3. Es schlägt fünf uhr. Manchmal genügt es, einen steifen hut oder eine zitrone mitzutragen – dann fängt der himmel an, sich aufzuheitern.

4. Tee wird mit und ohne zutat getrunken, teehändler haben saubere pinzetten, mit denen sie dem kunden verirrte blättchen aus den kleidern zupfen. Es gibt grünen und schwarzen tee.

5. Schirme werden nach dem regen wieder in hüllen versorgt, blech eignet sich besonders gut für dosen, die namen der teehändler findet man abecedarisch geordnet in allen telephonbüchern.

6. Ein herr in raghlan wirft sich mutig vor durchgehende pferde, er verhindert ein großes unglück, die kunden des teehändlers sehen alles durch die glastüre und klatschen beifall. Das hat ihnen gefallen.

7. Nachts, wenn der teeladen geschlossen ist, fällt der mond durch die scheiben und beleuchtet die bebilderten dosen und päckchen, ledige teehändler sehen im traume die zukünftigen teehändlerinnen.

8. Teerosen sind die pagoden der pflanzenwelt, die russen nennen das land der chinesen Kitai, ein altes wort, eine durchmischung mit jasmin verleiht dem tee eine eigenartige prägung.

2. Praktisches

JOSEPH ROTH
DER WUNSCH NACH DEM IDEALEN TEE

Seit einem Jahrzehnt trank er nach jedem Essen einen Tee. Es mußte ein ganz besonderer Tee sein, das Glas nicht zu voll, damit Zipper es am oberen Rand fassen konnte, ohne sich die Finger zu verbrühen. War aber der Rand zu breit gelassen, so sagte er witzig: »Was kostet ein *ganzes* Glas, Madame?« War der Tee zu hell, so schickte er ihn zurück, damit er länger aufgebrüht werde. War er zu dunkel, so verlangte er warmes Wasser. Er bekam es in einer metallenen Kanne, deren Henkel so heiß war, daß er ihn mit einem Taschentuch anfassen mußte; und obwohl er wußte, jedenfalls aus Erfahrung wissen mußte, daß der Henkel nicht zu fassen war, griff er doch immer mit nackten Fingern nach ihm, fuhr erschrocken zurück, schüttelte die Hand in der Luft wie einen weißen Vogel und durchbohrte seine Frau dabei mit jenem Blick, mit dem man einen bedenkt, der uns auf ein Hühnerauge getreten ist. Niemals vergaß der alte Zipper, sich über den Tee, seine Zubereitung, die verschiedenen Arten, seine Heilkraft, seine Schädlichkeit zu verbreiten. Mindestens sechzehnmal habe ich selbst aus seinem Munde gehört, wie er sich einmal einen Teerausch angetrunken hatte. »Es war allerdings,« schloß Zipper, »kein Tee wie dieser hier!« Und dabei sah er seine Frau an.

CURT MARONDE

DIE SIEBEN REGELN DER PERFEKTEN TEEZUBEREITUNG

Vom chinesischen Kaiser Hui-tsung stammt der Ausspruch: »Drei Dinge auf der Welt sind höchst bedauernswert: Das Verderben bester Jugend durch falsche Erziehung, das Schänden bester Bilder durch gemeines Begaffen und die Verschwendung besten Tees durch unsachgemäße Behandlung.«

Auch der allerbeste Tee kann enttäuschen, wenn er lieblos zubereitet wird. Das Aufbrühen ist aber durchaus keine Geheimwissenschaft und gar nicht kompliziert, sondern kinderleicht. Es genügt, wenige Grundregeln zu kennen und ein paar einfache Tips und Trick zu beherzigen.

1. Tee muß kräftig und belebend sein, ein zu dünner Aufguß schmeckt fade. Nehmen Sie einen gestrichenen Teelöffel für Broken-Tees und einen gehäuften für Blatt-Tees pro Tasse oder einen Tee-Aufgußbeutel. Liebt man seinen Tee sehr stark, gibt man noch einen Teelöffel voll »für die Kanne« extra hinzu.

2. Der Tee muß blumig und lieblich duften. Nehmen Sie nur ganz frisches Leitungswasser, also kein abgestandenes oder zerkochtes. Lassen Sie es nur kurz aufkochen und gießen Sie es sprudelnd über die Teeblätter. [...] Unnötig und für das Aroma nicht förderlich ist es, den Tee durch Papier zu filtern, alle Behauptungen in der Hinsicht sind falsch.

3. Die Teeblätter geben Sie in eine gut vorgewärmte Kanne. In dies Aufgußgefäß soll, genau wie in die Servierkanne, in die Sie den Tee nach dem Ziehen umgießen, nie etwas anderes als Tee hineinkommen. Zum Reinigen genügt Ausspülen mit heißem Wasser. Nie Seifenwasser oder chemische Spülmittel nehmen, also auch niemals in der Spülmaschine spülen!

Die braune Patina, die sich mit der Zeit an den Innenwänden der Kanne absetzt, kann ruhig drin bleiben.

4. Nach dem Aufgießen geben die Teeblätter in den ersten 2–3 Minuten ihr anregendes Koffein ab, das beim Tee häufig Teein genannt wird. Die beruhigenden Gerbstoffe werden dann in den folgenden Minuten mehr und mehr aus den Blättern gezogen. Für die Dosierung kann gelten: je länger Sie den Tee ziehen lassen, desto beruhigender wirkt er auf den Magen- und Darmtrakt. Je kürzer Sie ziehen lassen, desto belebender ist der Genuß. Lassen Sie den Tee aber nie länger als 5 Minuten ziehen, sonst wird er bitter.

5. Gießen Sie zum Schluß den Tee aus dem Aufgußgefäß in die ebenfalls vorgewärmte Servierkanne ab. Dieses Umgießen können Sie sich ersparen, wenn Sie ein Teesieb aus Stoff oder Bambus verwenden, das in die vorgewärmte Kanne gehängt wird und die Teeblätter aufnimmt. Geschmacksfreie Teenetze aus Baumwolle gibt es in 3 Größen, für jede Kanne passend. In so einem Stoffsieb kann der Tee sein Aroma und seine Wirkstoffe voll entfalten. Baumwollnetze, die für aromatisierte Tees benutzt werden, sind allerdings nicht mehr für andere Teesorten verwendbar, da sie das Aroma annehmen.

Ganz im Gegensatz zu dem früher viel benutzten »Tee-Ei« aus Porzellan oder Metall. Es ist leicht einzusehen, daß der Tee darin wie in einer Zwangsjacke steckt. Solche Tee-Eier sind ganz und gar ungeeignet.

Es gibt im Handel auch praktische Teesiebkannen aus Ton, Steingut und Porzellan. Die Teeblätter kommen in das eingebaute, tief in die Kanne reichende Teesieb.

6. Ob Sie den Tee pur – also ohne jede Zutat – oder mit Milch, Sahne oder Zitrone trinken, ist Geschmackssache. Zitronen- oder Apfelsinenschalen, die Sie gerieben oder in ganzen Scheiben hinzufügen, sollten von Früchten stammen, die nicht chemisch präpariert sind. Geben Sie nur die Schalen in den Tee, so schälen sie recht dünn, damit die weiße Innenhaut, die bitter schmeckt, nicht mit in das Getränk kommt. Wollen Sie auch den Saft von Apfelsinen oder Zitronen verwenden, so muß er vorher durchgesiebt werden, damit die beim Auspressen hineingeratenen Fruchtfleischstückchen und Kerne zurückbleiben. Bei manchen Rezepten garniert man das Getränk mit einer Apfelsinen- oder Zitronenscheibe, die auf den Glasrand gesteckt wird.

Rum, Arrak, Weinbrand und sonstiger Alkohol verändert natürlich den zartbitteren Wohlgeschmack des Tees. Aber vielleicht sind Ihren Gästen an kalten Tagen solche »geistigen« Zutaten willkommen. Außerdem sollten Sie ihnen noch ein paar andere Zutaten auf den Tisch stellen: Sahne und Zitronenscheiben, Kristall- oder Würfelzucker und nach ostfriesischer Art »Kluntje« (weißer Kandiszucker).

Sie können den Tee auch statt mit einem Löffel mit Zimtstangen umrühren. Oder den Würfelzucker vor dem

Servieren an einer Zitronen- oder Orangenschale abreiben. Statt oder neben Zucker können Sie auch eingemachte süße Kirschen zum Tee servieren, ein oder zwei Nelken in die Teekanne tun usw.

Was sie zum Essen, Knabbern und Lutschen auf den Teetisch stellen, hängt von der Stunde ab. Immer richtig sind englischer Früchtekuchen, feine Kekse, Petit Fours, pikante Sandwiches und Pastetchen.

7. Wenn Sie bei der Zubereitung Zeit sparen wollen oder sich im Betrieb oder zu Hause die Arbeit vereinfachen müssen, bieten sich die praktischen Teeaufgußbeutel an.

Als die ersten Teebeutel auf den Markt kamen, enttäuschten sie empfindliche Zungen. Ein Beigeschmack von Klebstoff, Mull oder Gaze störte. Das ist längst vorbei. Heute werden Markenteebeutel aus allerfeinstem Filterpapier hergestellt, das keinerlei Beigeschmack abgibt.

Die Teeaufgußbeutel mit schwarzem Tee gibt es heute in den allerbesten Qualitäten. Es ist nur eine Frage der richtigen Zubereitung und der enthaltenen Teequalität, daß Ihnen der »sogenannte Beuteltee« auch schmeckt. Nehmen Sie immer die ausreichende Menge, d. h. einen Teebeutel pro Tasse oder Glas, und die entsprechende Menge für die Kanne mit mehreren Tassen. Sparen wäre da grundverkehrt. Auch Teebeutel sind preiswert. Lassen Sie den Tee nicht länger als 5 Minuten ziehen oder bewegen Sie ihn, bevor sie ihn aus Tasse, Glas oder Kanne nehmen. Und bedenken Sie: die sehr feinen, gebrochenen Blätter im Teebeutel sind durch mechanischen Bruch so klein geworden, ihre Größe hat absolut nichts mit der Frage der Qualität zu tun.

JOHN BLOFELD

GRÜNER TEE UND OOLONG

Grüne Tees (Ch'ing-Ch'a) sind ganz hervorragend, was Geschmack, Aroma und gesundheitsfördernde Eigenschaften angeht, jedoch nur, wenn man darauf achtet, daß ihr natürlicher Duft und ihre natürliche Farbe erhalten bleiben. Daher müssen sie luftdicht verpackt sein und die Blätter nach dem Kauf in luftdichten Behältern aufbewahrt werden. Das Wasser soll beim Aufgießen nicht ganz den Siedepunkt erreichen. Ist der Aufguß zu schwach, wird er fade schmecken; ist er zu stark, schmeckt er bitter. Man muß daher anfänglich experimentieren. Der beste Tee ist Lung-Ching (Drachenbrunnen); es gibt ihn jedoch in mehreren Graden unterschiedlicher Qualität. Eine andere Sorte, Shou-Mei (Augenbrauen eines alten Mannes), hat ebenfalls einen wunderbar frischen Geschmack, denn sie ist an der Sonne getrocknet und leichter verarbeitet als alle anderen Sorten.

Halbfermentierte Tees (Wu-Lung) und Pao-Ch'a: Im Abendland heißen sie Oolong beziehungsweise Bohea und sind ebenfalls wegen ihres Geschmacks, ihres Aromas und ihrer gesundheitsfördernden Eigenschaften bekannt. Doch schmecken sie ganz anders als grüner Tee. Der Grad der Fermentierung schwankt, je nach Sorte, zwischen 20 und 60 Prozent. Sie sollten mit Wasser etwas unter dem Siedepunkt aufgegossen werden. Der vielleicht beste dieser Tees ist T'ieh-Kuan-Yin (Eiserne Göttin der Barmherzigkeit). Andere gute Sorten sind Shui-Hsien (Iris oder Wasserfee) und T'ieh-Lo-Han (Eiserner Heiliger).

WERNER F. J. SCHMITT

WENN DER TEE NICHT SCHMECKT – EINIGE UNKONVENTIONELLE RATSCHLÄGE

Habe ich nach der richtigen Methode Tee zubereitet?

Kein Netz, keine Filtertüte, keinen Teebeutel, kein Tee-Ei, keine Klemmlöffel benutzen. Keine Teemaschine, kein Samowar und was es sonst noch alles zum Teeverderben gibt, auch die noch so raffinierte Teekanne mit irgendwie geartetem Einsatz. Wiegen Sie den Tee mit der Waage aus.

Habe ich die richtige Teemenge genommen?

2,75 g pro Tasse Blatt-Tee, 2,5 g pro Tasse Broken, bei sechs Tassen ein Sechstel weniger.

Habe ich eine falsche Teesorte gewählt?

Fehlt Erfahrung mit dieser Sorte?

War der Tee alt?

Nur frisch gekaufter Tee in absolut luftdichter Verpackung garantiert Genuß. Lassen Sie den Tee nicht länger als zehn Wochen liegen und schützen Sie ihn am besten im Verbundfolienbeutel gegen Luftkontakt, Fremdgerüche und Feuchtigkeit.

War das Wasser frisch und geeignet?

Das Wasser soll geruchsneutral und kalt aus der Leitung kommen und nach drei Sekunden sprudelndem Kochen

auf die Teeblätter gegossen werden. Nicht stehen lassen und nicht wieder aufkochen!

Habe ich den Tee zu heiß oder zu kalt getrunken?

Ihn durch Zugabe von etwas Kaltem wie Sahne oder Alkohol zu sehr abgekühlt? Oder zu lange auf das Auflösen des Kandis gewartet?

Habe ich die richtige Brühkanne verwendet?

Nur Glas und Porzellan; Kannen aus anderen Materialien sind ungeeignet. Die Kanne mit Geschirrspülmittel absolut sauber reinigen, nicht vorwärmen.

Habe ich die richtige Ziehzeit eingehalten?

Genau drei Minuten, für Magenempfindliche fünf Minuten, dann in eine absolut saubere kalte Kanne abgießen, durch ein sauberes Sieb oder ohne dieses.

Wurde der Tee durch Hitze zerstört?

Haben Sie Ihren Tee auf ein Stövchen oder eine andere Warmhalte-Vorrichtung wie Rechaud oder Herdplatte gestellt? Ihn in der Warmhaltekanne oder unter der Warmhaltehaube ersticken lassen? Ihr Tee behält auch ohne alle diese »Hilfsmittel« 30–40 Minuten lang seine Trinktemperatur.

Habe ich den Tee zu sehr gesüßt?

Auf ein mittleres Stück Kandis kann man nach und nach drei Tassen Tee gießen. Hüten Sie sich vor der Beigabe von Zitrone, sie zerstört Ihren Tee.

Bin ich nicht in der richtigen Stimmung?

Das kommt besonders dann vor, wenn Sie eine bestimmte Situation reproduzieren wollen, zum Beispiel ein Urlaubserlebnis mit ganz bestimmten Freunden und einem bestimmten Tee. Die Wiederholung zu Hause gelingt kaum.

Bin ich nicht »tea-like«?

Tee kann nicht schmecken, wenn man vorher Knoblauch gegessen, die Zähne mit einer Mint-Pasta geputzt hat oder wenn man unter einer Halsentzündung leidet. Räucherstäbchen und starkes Parfüm, auch der Geruch von Reinigungsmitteln beeinträchtigen den Teegenuß.

Liegt es am Umfeld?

Prüfen Sie, ob es Ihnen zu kalt oder zu warm ist, zugig, ungemütlich, zu hell oder zu dunkel. Befinden Sie sich in der Gesellschaft von Personen oder Tieren, die Ihnen nicht behagen?

CURT MARONDE

WAS SAGEN DIE ÄRZTE ZUM TEE?

Einer der wichtigsten Vorzüge des Tees ist es, Betrunkene wieder nüchtern zu machen. Auch reinigt er das Gehirn. Die Chinesen, die so viel Tee trinken, spucken und schneuzen sich nie; ihr Gehirn ist von den Überflüssigkeiten befreit, die den Sitz des Verstandes arg beschweren.

P. P. Dufour, 1648

Schwarzer Tee ist zweifellos ein sehr gesundes Getränk. Als er auf den Schiffen der Ostindienfahrer zum erstenmal nach Europa kam, gab's erst einmal ein heftiges Für und Wider. Damals war Medizin gleichbedeutend mit Magie, und die pillendrehenden Apotheker genossen den zwielichtigen Ruf von Alchimisten. In ihren Pharmazien begann der Tee seine Karriere als bittere Arznei in trauter Nachbarschaft von Liebestränken, getrockneten Kreuzottern, Drogen und Giften.

Sehr behutsam ging man nicht mit ihm um. In China wurde er in Stoffballen auf die Windjammer verladen, und dort lag er monatelang in muffigen, von Leckwasser modrigen, von Ratten bevölkerten und penetrant nach Teer und Abfällen riechenden Schiffsräumen. Vielleicht schmeckte er oft wirklich nach »Heu und Mist«, wie sich die Markgräfin Liselotte von der Pfalz ausdrückte. In einem alchimistischen Buch von 1633 fand ich ein Rezept, das mit geheimnisvollem Abrakadabra erklärte, wie das Frauenzimmer »Wartzen im Angesicht mit Sicherheit kann vertreiben, so es eine Teesalbe am Galgenplatz bei

Vollmond fleißig rühret und davon auf die Wartzen häufet«. Auch im alten China gab es schon eine Teesalbe gegen Rheuma.

Nun begannen europäische Magister, den Tee überschwänglich zu loben. Allen voran der durch Rembrandt berühmte Holländer Nicolaus Tulp. Und sein Kollege Bontekoe, der Leibarzt des Großen Kurfürsten, riet seinen Zeitgenossen dringend, sich täglich dreißig *koppkes* (Schälchen) Tee einzuverleiben. Auch Zimmermann, der Leibarzt Friedrich des Großen, rühmte den Tee. Und da ist die verbürgte Geschichte, die zur Zeit der ersten Teeimporte in Schweden passierte. Dort kam dem König zu Ohren, der Tee sei ein gefährliches Gift. Das will ich mal ausprobieren, dachte er und verurteilte einen Raubmörder zum »Tod durch Tee«! Tagtäglich verabreichte man dem Verbrecher eine »tödliche« Dosis von siebzig Tassen. Doch dem Mörder ging es immer besser, er wurde 82 Jahre alt, und in den letzten zwölf Jahren konnten ihn die Ärzte nicht mehr beobachten, denn sie waren vor ihm gestorben.

Und was sagen die Mediziner heute zum Tee? Was ist eigentlich darin? Warum wirkt er so anregend und belebend?

Teeblätter sind praktisch kochsalzfrei und bringen keine Kalorien. Dafür enthalten sie Vitamin C und Nervenvitamin B_1. Außerdem Chlorophyll, das die Bildung roter Blutkörperchen fördert und für die Sauerstoffversorgung unseres Körpers wichtig ist. Und schließlich Fluor, das dem Zahnverfall vorbeugt. Das Thein im Tee entspricht als Alkaloid dem Koffein. Im Kaffee wirkt es übers Herz vor allem auf den Kreislauf, im Tee dagegen auf Gehirn und Zentralnervensystem. Darum fehlt dem

Tee die aufputschende Wirkung. Er regt an, aber nicht auf. Seine belebende Wirkung setzt später ein als beim Kaffee, hält dafür aber länger an. Den ätherischen Ölen verdankt er das köstliche Aroma und die belebende Wirkung. Im Gegensatz zu vielen anderen Genußmitteln ist Tee auch in großen Mengen nicht schädlich. Manche Wissenschaftler meinen sogar, daß die Grenze der Unbedenklichkeit bei 35 Tassen täglich liege.

In der Medizin wird ungesüßter schwarzer Tee heute bei Magenverstimmungen, Nahrungsmittelvergiftungen, Brechdurchfällen und in manchen Fällen auch nach Operationen gern verordnet. Auch bei anderen Diätvorschriften und für Schlankheitskuren ist Tee ein beliebter Helfer: Wenn andere Getränke verpönt sind, ist schwarzer Tee ohne Milch und Zucker erlaubt. Tee beruhigt die Magennerven, deshalb greifen starke Raucher gern zu einer guten Tasse Tee.

EISTEE

1904 kam der englische Geschäftsmann Richard Blechynden zur Weltausstellung nach St. Louis. Er hatte den Auftrag, die amerikanischen Teetrinker, die fast ausschließlich chinesischen Tee kauften, auf den Geschmack des schwarzen Tees aus Indien zu bringen. Zu Blechyndens Pech schmachtete St. Louis gerade unter einer Hitzewelle, und kein Mensch wollte das dampfende Gebräu, das er in Kostproben anbot, auch nur versuchen. Da kam der Brite auf die Idee, seinen gesamten Vorrat an fertigem Tee über Eiswürfel zu schütten und

ihn als Erfrischungsgetränk anzubieten. Der Erfolg war durchschlagend und binnen kurzem wurde Eistee in Amerika zu einem äußerst beliebten Getränk. Populär wurde der Eistee unter anderem auch deshalb, weil man ihn schon sehr bald aus löslichem Tee zubereitete; man brauchte das meist aromatisierte Teepulver nur ins kalte Wasser zu schütten – fertig war das Erfrischungsgetränk.

In Europa, besonders in Frankreich, blieb man konservativ und lehnte den löslichen Tee ab, so daß man den Eistee aus normalem, heiß aufgebrühtem Tee zubereitete, abkühlte und über Eiswürfel goß, was zwei Nachteile hat.

Erstens braucht man eine beträchtliche Menge Eiswürfel und zweitens wird auch eine Qualitätsmarke durch den Kälteschock trüb und wirkt nicht mehr appetitlich. Dem kann man abhelfen, indem man die Blätter nicht mit kochendem, sondern mit kaltem Wasser übergießt und sie dann statt der üblichen 3 bis 5 Minuten 12 Stunden ziehen läßt. Danach braucht man den Aufguß nur abzuseihen und hat ein klares Getränk. Auf diese Art lassen sich so gut wie alle Sorten zur vollsten Zufriedenheit verwenden. Die Zubereitung mit löslichem Tee ist der schnellere Weg.

Sabine Yi/Jacques Jumeau-Lafond/Michel Walsh

ANITA HÖHNE

KRÄUTERTEES FÜR JEDEN HAUTTYP

Wie eingangs bereits erwähnt, wirkt das Gesicht eines Mitmenschen sympathischer, wenn dessen Reinheit nicht durch Pickel oder gar Ekzeme gestört ist. Eine ganze Reihe von *Tees* ermöglichen es aufgrund ihrer Inhaltsstoffe, einer *unreinen Gesichtshaut* entgegenzuwirken. Zum Beispiel:

20 g Anisfrüchte
20 g Basilikumblätter
20 g Ixora chinensis
10 g Lindenblüten
30 g Römische Kamille
40 g Salbei
30 g Selaginella tamariscina

Mit zwei Eßlöffeln der Mischung für eine Tasse einen Aufguß bereiten, den man zehn Minuten ziehen läßt. Vier- bis fünfmal täglich eine Tasse davon trinken.

Am Abend kann der Kräuterrückstand dieses Tees auf die Haut aufgelegt werden. Nach etwa zwei bis drei Stunden mit Wasser, dem etwas Zitronensaft beigemengt wird, abwaschen.

Eine weitere Möglichkeit zur Beseitigung von Hautunreinheiten besteht darin, am Abend die Blütenblätter der *Heckenrose* aufzulegen. Am Morgen wäscht man die Blätter mit weichem Wasser ab, das mit wenigen Tropfen Zitronensaft angereichert ist. Nach ein bis zwei Wochen von den Rosenblütenblättern zu *Königskerzenblüten* wechseln.

Für eine *frisch* und *jugendlich aussehende Gesichtshaut:*

30 g Brombeerblätter
40 g Himbeerblätter
20 g Johannisbeerblätter
20 g Limnophila rugosa
40 g Römische Kamille

Zubereitung wie oben. Über den Tag verteilt vier bis fünf Tassen lauwarm trinken.

AREND VOLLERS

TEE MIT SCHUSS – HEISS ODER KALT

Tee mit Rum – das ist die schon klassisch gewordene Verbindung zwischen unserem Göttertrank und Alkohol. Einst von Seebären auf ihren monatelangen Ostasienreisen entdeckt, wurde damit der Grundstein gesetzt für eine lange Folge von Getränken, bei denen unser solider Tee durch die Zugabe von Alkohol seinen letzten Pfiff bekommt. In aller Regel eignet sich Assam- oder Ceylon-Tee am besten.

Schottischer Tee

Schwarzer Tee · Whisky · Zucker · Schlagsahne · Muskat

Einen starken schwarzen Tee zubereiten und zunächst einen guten Schuß Whisky in das Glas geben. Dann Zucker und den Tee zufügen. Schließlich eine Haube aus Schlagsahne daraufsetzen und etwas geriebene Muskatnuß darüberstreuen.

Tee-Klipper

Aus den Tagen, als der Tee auf Segelschiffen rund ums Kap der Guten Hoffnung gebracht wurde:

Für 1 Portion:
1 Glas Rum (Größe nach Belieben)
1 Glas starker heißer Tee · Zucker · 1 Zitronenscheibe

Heißen Tee in ein großes feuerfestes Glas füllen, den vorgewärmten Rum dazugeben, nach Geschmack süßen und eine Zitronenscheibe darauflegen.

Der Grog, ein nach dem Spitznamen des englischen Admirals Vernon benanntes heißes Getränk aus Rum, Zucker und Wasser, wird heute auch mit Weinbrand oder Arrak und Tee zubereitet.

Tee-Grog

14 g (ca. 7 TL) Assam-Second-flush-Tee · ½ l Wasser
¼ l starker Rum oder Arrak · 200 g Zucker · 2 Zitronen
½ l Wasser zusätzlich

Den Teeaufguß 5 Minuten ziehen lassen. Zucker in ½ l kochendem Wasser auflösen und mit Tee und Rum oder Arrak vermischen. Zitronen (entkernt und in Scheiben geschnitten) hinzufügen.

Punsch

Der Ausdruck Punsch kommt von dem Hindi-Wort »pantsch« und bedeutet fünf oder fünferlei. Denn ursprünglich – im 17. Jahrhundert – verlangte man streng, daß ein Getränk, das diesen Namen für sich bean-

spruchte, aus den fünf Kostbarkeiten Arrak, Zitrone, Gewürz, Zucker und Tee zu bestehen habe. Dieses köstliche »Gesöff« – das Wort wie das Rezept – haben englische Seeleute, Matrosen der EAST INDIA COMPANY, die damals das Teemonopol innehatte, aus Ostindien mitgebracht und verbreitet. Inzwischen darf statt Arrak auch Rum, Weinbrand oder Wein verwendet werden. Zitronen kann man durch Orangen ersetzen. Die Regeln sind nicht mehr so streng – Hauptsache es schmeckt.

Als schwarzer Tee eignet sich in der Regel Assam-Second-flush sehr gut. Wenn nicht anders vermerkt, sollte man 12 g (ca. 2 EL) Tee pro Liter Wasser rechnen. Wichtig ist, daß der Punsch zwar heiß auf den Tisch kommt, aber nicht gekocht wurde. Denn dann würde er zuviel von dem herrlichen Aroma verlieren, das ihn so besonders auszeichnet. Auch sollten wir ihn stets in vorgewärmten Gläsern servieren – denn heiß muß er schon bleiben, wenngleich so mancher Punsch auch kalt ausgezeichnet schmeckt.

Orangenpunsch

Ein Seelenwärmer, der sich mit seinen Vitaminen großer Beliebtheit als Hausmittel gegen Erkältungen erfreut!

½ l starker schwarzer Assam-Tee · Saft von 1 Zitrone
¼ l Orangensaft (möglichst frisch ausgepreßt) · ⅛ l Rum
1 Stange Zimt · etwas Ingwerwurzel · 3 Gewürznelken
4 EL Zucker · 1 kleines Glas Portwein

Alle Zutaten in einem Topf unter ständigem Rühren bis zum Siedepunkt erhitzen, durch ein Sieb in ein feuerfestes Gefäß abgießen.

Krambambuli
(heiß oder kalt)

Das Rezept ist für eine größere Gesellschaft geeignet.

Für 12–15 Portionen:
1 l starker schwarzer Tee · 3 Flaschen Weißwein · Zucker
Zitrone · Arrak nach Geschmack

Den Wein mit Zucker nach Geschmack zum Kochen bringen, den Tee hinzufügen, mit Zitronensaft und Arrak abschmecken.

Kalter Tee als Longdrink

Durch seine Geschmackseigenschaften – sein Aroma und seine leichte Bitterkeit – empfiehlt sich der Tee als Komponente in vielerlei Longdrinks, nicht nur zur heißen Jahreszeit. Eistee abgewandelt mit diversen Spirituosen ist in all seinen Möglichkeiten noch gar nicht erforscht – vielen sogar gänzlich unbekannt.

Tee-Cocktail

12 g (ca. 2 EL) Ceylon-Uva-Pekoe-Tee · ½ l Wasser
Weinbrand · Maraschinokirschen · Puderzucker · Eiswürfel

Den Teeaufguß 5 Minuten ziehen lassen. Die Gläser halbvoll mit Eiswürfeln füllen und kleingeschnittene Maraschinokirschen, mit Puderzucker gesüßt, darauflegen. Den heißen Tee darübergießen und mit einem Schuß Weinbrand servieren.

HEINZ VEJPUSTEK

ACHT PRAKTISCHE HAUSHALTSTIPS MIT TEE

Schmerzende Füße werden durch ein Bad im kalten Tee, dem der Saft einer Zitrone und eine Prise Salz beigefügt wurde, wieder besänftigt.

Haare kann man mit Schwarztee färben. Der Tee dafür wird stark aufgegossen, abgekühlt und nach dem Haarewaschen über die Haare gegossen. Graue Haare werden braun, hellbraune Haare werden leuchtender und dunkles Haar erhält mehr Glanz.

Ein **Hausmittel gegen den Sonnenbrand:** Tauchen Sie ein Leintuch in schwarzen ungezuckerten Tee und legen Sie es sich auf die entzündeten Hautstellen.

Geschwollene Tränensäcke werden kleiner durch das Auflegen von gebrauchten Teebeuteln.

Cremefarbene Stoffe können mit Tee aufgefrischt werden, wenn sie ausgebleicht sind.

Textil-Spitzen können mit Tee »antik« eingefärbt werden.

Übriggebliebener kalter Tee düngt hervorragend alle **Hauspflanzen.**

Gebrauchte Teeblätter sind ausgezeichnet geeignet, um den **Kompost** zu verbessern oder zum Auflockern der Erde von Rosen.

TEEKONSUM IM ÜBERBLICK

Pro-Kopf-Verbrauch von Tee, Dreijahresdurchschnitt 1993–95 (in Kilogramm; für China liegen keine Daten vor):

Irland	3,16	Ägypten	1,04
Großbritannien	2,53	Japan	1,03
Kuweit	2,52	Chile	0,97
Türkei	2,02	Australien	0,95
Qatar	1,76	Pakistan	0,92
Bahrein	1,67	Polen	0,87
Syrien	1,55	Saudi-Arabien	0,82
Hongkong	1,48	GUS	0,63
Iran	1,32	Indien	0,63
Sri Lanka	1,29		
Marokko	1,24	Schweiz	0,27
Neuseeland	1,23	BRD	0,21
Tunesien	1,17	Österreich	0,16

Nach: International Tea Committee

TEXTNACHWEISE

Mit einem Sternchen versehene Titel* wurden von den Herausgeberinnen formuliert oder sind den abgedruckten Texten entnommen.

13 »MEDIZIN WAR DER TEE ...«
Kakuzo Okakura: Das Buch vom Tee. Übertr. und mit einem Nachw. vers. von Horst Hammitzsch. Mit Fotos aus Japan und einem Essay von J. Schaarschmidt-Richter. Frankfurt a. M.: Insel-Verlag, [2]1981. S. 9. © 1981 Insel Verlag Frankfurt am Main.

13 »JEDES TEEBLATT BIRGT ...«
Das Buch vom Tee. Mit einem Vorw. von Anthony Burgess. Aus dem Frz. von Ursula Fabian. München: Heyne, 1992. S. 202. [Aus: Catherine Donzel: Der Geschmack des Tees.] Mit Genehmigung der Wilhelm Heyne Verlag GmbH & Co. KG, München.

13 TAU, DER LEICHT UND LIND VOM HIMMEL FÄLLT – ZWEI TEE-LEGENDEN*.
Sabine Yi / Jacques Jumeau-Lafond / Michel Walsh: Lob dem Himmelstau oder Brevier vom Tee. Aus dem Frz. übertr. von Gertrud Barnert. Bearb. von Dorothea Littrow. Wien: Neff, 1984. S. 10–12, 31. © 1984 der deutschsprachigen Ausgabe Neff (Verlagsunion Pabel Moewig KG, Rastatt).

16 LO-TUNG: SIEBEN TASSEN TEE*.
Okakura: Das Buch vom Tee. S. 30.

17 »TEE IST EIN KUNSTWERK ...«
Okakura: Das Buch vom Tee. S. 22.

17 PETER MARTIN URTEL: CHINESISCHER TEE – GEKOCHT, GESCHLAGEN, GEBRÜHT*.
P. M. U.: Die Kunst, Tee zu trinken. Mit Zeichnungen von Gerhard Oberländer. München/Wien/Zürich: BLV Verlagsgesellschaft, [14]1981. S. 57–61. © 1956 BLV Verlagsgesellschaft mbH, München.

20 HSÜ TZÊ-SHU: CH'A SHU – EIN TEEHANDBUCH AUS DER MING-ZEIT*.
John Blofeld: Das Tao des Teetrinkens. Von der chinesischen Kunst,

den Tee zu bereiten und zu genießen. Aus dem Engl. von Erwin Schuhmacher. Bern: Scherz, ²1988. S. 58 f. © deutsche Rechte beim Scherz Verlag, Bern, München, Wien, für den Otto Wilhelm Barth Verlag.

21 HORST HAMMITZSCH:
CHANOYU – DIE JAPANISCHE TEE-ZEREMONIE*.
H. H.: Zen in der Kunst der Tee-Zeremonie. Neuausg. München: Barth, 1977. S. 14–22. © 1958, 1977 Scherz Verlag, Bern, München, Wien, für den Otto Wilhelm Barth Verlag.

29 SEN SÔEKI RIKYÛ: TEE-GEDICHT*.
Hammitzsch: Zen in der Kunst der Tee-Zeremonie. S. 75 f.

30 »DANN BEGANN DIE ZEIT DER WASSERPFEIFEN ...«
Rafik Schami: Erzähler der Nacht. Weinheim: Beltz & Gelberg, ⁴1989. S. 107. © 1989 Beltz Verlag, Weinheim und Basel. Programm Beltz & Gelberg, Weinheim.

30 GILLES BROCHARD: HUNDERT VERSCHIEDENE KULTUREN*.
Das Buch vom Tee. S. 103. [Aus: G. B.: Die Teestunde.] Mit Genehmigung der Wilhelm Heyne Verlag GmbH & Co. KG, München.

31 HERBERT TICHY: TIBETANISCHER ZIEGELTEE*.
H. T.: Weiße Wolken über gelber Erde. Eine asiatische Reise. Wien: Verlag Orac, 1980. S. 267 f. © 1980 Verlag Orac, Wien.

32 PETER MARTIN URTEL:
IM SAMOWAR SUMMT LEISE DAS WASSER*.
P. M. U.: Die Kunst, Tee zu trinken. S. 66–69.

35 GILLES BROCHARD: TEE IN NORDAFRIKA*.
Das Buch vom Tee. S. 135–138. [Aus: G. B.: Die Teestunde.] Mit Genehmigung der Wilhelm Heyne Verlag GmbH & Co. KG, München.

38 GEORGE TABORI: EIN ENGLISCHES FAMILIENIDYLL*.
G. T.: Ein guter Mord. Hrsg. und mit einem Nachw. von Wend Kässens. Aus dem Engl. von Ursula Grützmacher-Tabori. Göttingen: Steidl, 1992. S. 215 f. © 1992 Steidl Verlag, Göttingen.

39 KARL KROLOW: FRIESISCHER TEE*.
K. K.: Deutschland, deine Niedersachsen. Ein Land, das es nicht gibt. Mit Illustrationen von Heinz Knoke. Hamburg: Hoffmann und Campe, 1972. S. 88 f. Mit Genehmigung von Karl Krolow, Darmstadt.

41 »AUF DEM RUNDEN, GEDECKTEN TISCH ...«
Leo N. Tolstoi: Anna Karenina. Roman. Aus dem Russ. von Fred Ottow. Mit einem Nachw. von Johanna Renate Döring-Smirnov, Anm. von Bodo Zelinsky sowie einer Zeittafel. Düsseldorf/Zürich: Artemis & Winkler, [11]1997. S. 621. © 1997 Artemis & Winkler Verlag, Düsseldorf/Zürich.

41 »ABER DA WAR AMARYLLIS STERNWIESER ...«
Barbara Frischmuth: Die Mystifikationen der Sophie Silber. Roman. Salzburg/Wien: Residenz Verlag, 1976. S. 151. © 1976 Residenz Verlag, Salzburg und Wien.

41 JOHN BLOFELD:
DAS GOLDENE ZEITALTER DER CHINESISCHEN KERAMIK*.
J. B.: Das Tao des Teetrinkens. S. 200.

42 GARTH CLARK: DIE FEINE RAFFINESSE DER TEEKANNE*.
G. Cl.: Die verrückte Teekanne. Ins Dt. übertr. von Rena Passenthien. München: Heyne, 1989. S. 52 f. © 1989 Cross River Press, Ltd. a division of Abbeville Press. Copyright © der deutschen Übersetzung Wilhelm Heyne Verlag GmbH & Co. KG, München.

46 MANFRED SACK: DAS TEEGLAS.
M. S.: Alltagssachen. Eine Sammlung von allerlei notwendigen Gebrauchsgegenständen. Mit 24 Strichzeichnungen von Heinz Birg und 48 Schwarzweiß-Abbildungen. Wien: Brandstätter, 1992. S. 42 f. © 1992 Verlag Christian Brandstätter, Wien. – Abb. mit Genehmigung von Heinz Birg, München.

50 PAUL RENOVANZ: EIN ORIGINELLER TEEWÄRMER*.
P. R.: Tee – Seide – Porzellan. Mit 32 Bildtafeln. Leipzig: Brockhaus, 1957. S. 24. Mit Genehmigung der Falken Verlag GmbH, Niedernhausen.

51 »MAN TRINKT TEE ...«
Curt Maronde: Rund um den Tee. Eine amüsante, umfassende Teeologie mit 80 praktischen Tee-Rezepten. Frankfurt a. M.: Fischer, 1973. S. 72. [T'ien Yi-heng.] © 1973 Fischer Taschenbuch Verlag GmbH, Frankfurt am Main.

51 ZEITEN FÜRS TEETRINKEN ...
John Blofeld: Das Tao des Teetrinkens. S. 61. [Aus: Hsü Tzê-Shu: Ch'a Shu.]

53 »DANN VERSPÜRTE ER ...«
Joris-Karl Huysmans: Gegen den Strich. Übers. und hrsg. von Walter Münz und Myriam Münz. Stuttgart: Reclam, 1992. (Universal-Bibliothek. 8754.) S. 74.

53 »VIELE JAHRE LANG HATTE VON COMBRAY ...«
Marcel Proust: In Swanns Welt. Auf der Suche nach der verlorenen Zeit. Erster Teil. Übers. von Eva Rechel-Mertens. Frankfurt a. M.: Suhrkamp, 1981. S. 63–67. © 1982 Suhrkamp Verlag Frankfurt am Main.

59 »SECHS UHR ABENDS RÜCKT HERAN ...«
Peter Altenberg: Sonnenuntergang im Prater. Fünfundfünfzig Prosastücke. Ausw. und Nachw. Hans Dieter Schäfer. Stuttgart: Reclam, 1974. (Universal-Bibliothek. 8560.) S. 65 f. [Originaltitel: Ich trinke Tee.]

62 »ES GIBT AUGENBLICKE IM LEBEN ...«
Katherine Mansfield: Sämtliche Erzählungen in zwei Bänden. Hrsg. und ins Dt. übertr. von Elisabeth Schnack. Bd. 2: Die Blume Sicherheit. Frankfurt a. M.: Büchergilde Gutenberg, 1980. S. 29. [Aus: Eine Tasse Tee.] © 1980 Büchergilde Gutenberg, Frankfurt am Main.

62 »JEDEN ABEND UM SECHS UHR ...«
Marlen Haushofer: Begegnung mit dem Fremden. Erzählungen. (Gesammelte Erzählungen. Bd. 1.) Düsseldorf: Claassen, 1985. S. 52 f. [Aus: Das kleine Glück.] © 1985 claassen Verlag GmbH, Düsseldorf.

63 »DER GEWÖHNLICHKEIT GEHÖRT DIE WELT ...«
»Alles kommt auf die Beleuchtung an«. Fontane zum Vergnügen. Hrsg. von Christian Grawe. Stuttgart: Reclam, 1994. (Universal-Bibliothek. 9317.) S. 132.

63 »DIE NACHT WAR BITTER KALT ...«
Charles Dickens: Oliver Twist. Roman. Aus dem Engl. von Carl Kolb und Anton Ritthaler. Mit Ill. von George Cruikshank und einem Nachw. von Uwe Böker. Düsseldorf/Zürich: Artemis & Winkler, 1997. S. 218–220. [Aus: Kap. 23.] © der Übersetzung 1957, des Nachworts von Uwe Böker 1997, Artemis & Winkler Verlag, Düsseldorf/Zürich.

66 »NUN JA, DAS SIEHT ...«
Anton Tschechow: Kurzgeschichten und frühe Erzählungen 1883–1887. München: Winkler, 1968. S. 713. [Aus: Unterwegs. Übers. von Gerhard Dick.] © Artemis & Winkler Verlag, Düsseldorf/Zürich.

66 »IM JAHRE 1706 ...«
Das Buch vom Tee. S. 160 f. [Aus: Gilles Brochard: Die Teestunde.] Mit Genehmigung der Wilhelm Heyne Verlag GmbH & Co. KG, München.

67 »DAS JINGYING WENYI CHASHI ...«
Sarah Lloyd: China erfahren. Ein Reisebericht. Dt. von Petra Post und Andrea von Struve. Reinbek: Rowohlt, 1988. S. 66–68. © 1988 Rowohlt Taschenbuch Verlag GmbH, Reinbek.

70 »WIR BETRETEN DEN RAUM ...«
Isabelle Eberhardt: Sandmeere 1. Tagwerke. Im heißen Schatten des Islam. Hrsg. von Christian Bouqueret. Aus dem Frz. übertr. von Grete Osterwald. Mit einem Vorw. von Hans Christoph Buch. Reinbek: Rowohlt, 1983. S. 312 f. © 1983 Rowohlt Taschenbuch Verlag GmbH, Reinbek.

71 »ES IST KEIN DÖRFCHEN ...«
Egon Erwin Kisch: Gesammelte Werke in Einzelausgaben. 12 Bde. Hrsg. von Bodo Uhse und Gisela Kisch. Bd. 4: Zaren, Popen, Bolschewiken. Asien gründlich verändert. China geheim. Berlin: Aufbau-Verlag, 1993. S. 135 f. [Aus: Zaren, Popen, Bolschewiken. Dorf am Sonntag.] © 1993 Aufbau-Verlag GmbH, Berlin.

73 »ZU BEGINN DES NEUNZEHNTEN JAHRHUNDERTS ...«
Garth Clark: Die verrückte Teekanne. S. 40–43.

78 »ES KONNTE NICHTS GEMÜTLICHERES ...«
Pearl S. Buck: Mein Leben, meine Welten. Ins Dt. übertr. von Hans B. Wagenseil. Bergisch Gladbach: Lübbe, 1988. S. 56 f. © 1954 Pearl S. Buck. Mit Genehmigung des Langen Müller Verlags in der F. A. Herbig Verlagsbuchhandlung GmbH, München.

80 SIE SASSEN UND TRANKEN AM TEETISCH ...
Heinrich Heine: Buch der Lieder. Hrsg. von Bernd Kortländer. Stuttgart: Reclam, 1990. (Universal-Bibliothek. 2231.) S. 103. [Lyrisches Intermezzo. L.]

81 »ES DUNKELTE ...«
Alexander S. Puschkin: Eugen Onegin. Ein Roman in Versen. Übers. und Nachw. Kay Borowsky. Stuttgart: Reclam, 1972. (Universal-Bibliothek. 427.) S. 74. [Aus: Kap. 3.]

83 »DIE DAMEN, WELCHE SÄMTLICH ...«
Joseph von Eichendorff: Ahnung und Gegenwart. Ein Roman. Hrsg. von Gerhart Hoffmeister. Stuttgart: Reclam, 1984. (Universal-Bibliothek. 8229.) S. 138–142.

83 »DIE HASELMAUS SCHLÄFT ...«
Lewis Carroll: Alice im Wunderland. Mit zweiundvierzig Illustrationen von John Tenniel. Übers. und mit einem Nachw. von Christian Enzensberger. Frankfurt a. M.: Insel-Verlag, 1973. S. 71–75. [Aus: Kap. 7.] © 1963 Insel Verlag Frankfurt am Main.

87 »BEGLEITEN SIE MICH DOCH ...«
Barbara Pym: Tee und blauer Samt. Roman. Aus dem Engl. von Dora Winkler. München/Zürich: Piper, 1990. S. 62–65. © 1990 Piper Verlag GmbH, München.

90 »IN DIESEM AUGENBLICK ...«
Honoré de Balzac: Tante Lisbeth. Übers. von Paul Zech. Hamburg: Rowohlt, 1952. S. 366 f. Verwendung der deutschen Übersetzung mit freundlicher Genehmigung des Rowohlt Verlages und der Diogenes Verlag AG, Zürich.

91 »ALS SIE DIE TÜR AUFMACHTE ...«
Katherine Mansfield: Erzählungen und Tagebücher. Übers. aus dem Engl. und Nachw. von Ruth Schirmer. Zürich, Manesse-Verlag, ^{3}1990. S. 55–57. [Aus: Psychologie.] © 1974 Manesse Verlag, Zürich.

94 BEI EINEM TEE À DEUX.
Duett aus der Romantischen Operette »Das Land des Lächelns«. Musik: Franz Lehár. Text: Ludwig Herzer / Fritz Löhner. © 1929/1957 Glocken-Verlag, Wien. Abdruck erfolgt mit freundlicher Genehmigung von Glocken Verlag GmbH, Frankfurt am Main.
Abdruck nach: Das Land des Lächelns. Romantische Operette in 3 Akten nach Victor Léon von Ludwig Herzer und Fritz Löhner. Musik von Franz Lehár. Textbuch der Gesänge. Wien: Glocken-Verlag, 1957. S. 9–11.

96 »ER STIESS WIEDER ...«
Leo N. Tolstoj: Die Kreutzersonate. Erzählung. Aus dem Russ. von Arthur Luther. Frankfurt a. M.: Insel-Verlag, 1984. S. 34. © 1984 Insel Verlag Frankfurt am Main.

96 »›ÜBRIGENS SAHEN DIE ALTEN DAMEN ...‹«
Friedrich Glauser: Der Tee der drei alten Damen. (Die Romane. 2.) Hrsg. und mit einem Nachw. von Mario Haldemann. Zürich: Limmat Verlag, 1996. S. 238, 250. © 1996 Limmat Verlag, Zürich.

97 »›NADJA‹, SAGTE ER ...«
Anton Tschechow: Kurzgeschichten und frühe Erzählungen 1883–1887. S. 424 f. [Aus: Pst! Übers. von Ada Knipper und Gerhard Dick.]

101 »DIE BEIDEN DAMEN WAREN ...«
Thomas Mann: Die Erzählungen. Frankfurt a. M.: Fischer, 1986. S. 1074 f. [Aus: Die Betrogene.] © 1966, 1967 Katia Mann.

102 »DER APOTHEKER DIOT ...«
Claire Goll: Arsenik oder Jedes Opfer tötet seinen Mörder. Roman. Mit einem Nachw. von Bärbel Jäschke. Reinbek: Rowohlt, 1980. S. 46, 50 f. © Argon Verlag GmbH, Berlin.

105 ALAIN STELLA: TEEGÄRTEN*.
Das Buch vom Tee. S. 23. [Aus: A. St.: Die Teegärten.] Mit Genehmigung der Wilhelm Heyne Verlag GmbH & Co. KG, München.

106 BERND MERZENICH / AL IMFELD: BOTANISCHES.
B. M. / A. I.: Tee. Gewohnheiten, Konsequenzen. Überarb. von Julika Jänicke unter Mitarb. von Uwe Hartwig und Hayo Hayunga. Gemeinsam hrsg. mit der Gesellschaft zur Förderung der Partnerschaft mit der Dritten Welt. St. Gallen/Berlin/São Paulo: Edition diá, ^{2}1994. S. 32–34. © 1986 Edition diá, St. Gallen/Berlin/São Paulo.

110 HELLMUT GRÖSSER: ANBAUGEBIETE*.
H. G.: Tee für Wissensdurstige. Das Fachbuch vom Deutschen Teebüro. Gräfelfing: Albrecht, ^{11}1997. S. 55, 57–59, 63, 71. © 1984 E. Albrecht Verlags-KG, Gräfelfing bei München.

114 HAROLD NICOLSON: MEILENWEIT NUR TEE*.
H. N.: Reise nach Java. Dt. von Jutta und Theodor Knust. München: Langen Müller, 1960. S. 175 f. © 1960 Langen Müller Verlag in der F. A. Herbig Verlagsbuchhandlung GmbH, München.

116 DIE ZEHN GRÖSSTEN TEEPRODUZENTEN UND -EXPORTEURE.
Nach: International Tea Committee, London: Annual Bulletin of Statistics. 1996. S. 35, 45.

117 WERNER F. J. SCHMITT: VOM BLATT ZUM TEE.
W. F. J. Sch.: Tea. Unkonventionelles zum optimalen Teegenuß. Berlin: Ullstein, 1997. (Ullstein-Buch. 35756.) S. 105–108. © 1997 Ullstein Buchverlage GmbH, Berlin. Mit Genehmigung von Werner F. J. Schmitt, Berlin.

120 HEINZ VEJPUSTEK: GLOSSAR I – WISSENSWERTES ZU TEEANBAU, ERNTE UND SORTIERUNG*.
H. V.: Informationen über Tee. Wien: Verlag Österreichisches Tee-Institut, ^{3}1994. S. 68–115. Mit freundlicher Genehmigung des Österreichischen Tee-Instituts, Wien.

123 AREND VOLLERS: GLOSSAR II – DIE WEGE DES TEES*.
A. V.: Tee. Alles Wissenswerte über Geschichte, Kultur, Herstellung, Sorten und die Kunst, Tee richtig zu genießen. München: Heyne, ^{2}1996. (Heyne Kochbuch. 07/4684.) S. 135 f., 154, 162, 185, 187 f. © 1996 Wilhelm Heyne Verlag GmbH & Co. KG, München.

126 H. C. ARTMANN: DER TEEHÄNDLER.
H. C. A.: Fleiß und Industrie. Frankfurt a. M.: Suhrkamp, 1967. S. 15 f. © 1967 Suhrkamp Verlag Frankfurt am Main.

128 JOSEPH ROTH: DER WUNSCH NACH DEM IDEALEN TEE*.
J. R.: Zipper und sein Vater. Roman. Köln: Kiepenheuer & Witsch, 1986. S. 19 f. © 1956, 1975, 1986 Verlag Kiepenheuer & Witsch Köln und Verlag Allert de Lange Amsterdam.

129 CURT MARONDE:
DIE SIEBEN REGELN DER PERFEKTEN TEEZUBEREITUNG*.
C. M.: Heißgeliebter Tee. Sorten, Rezepte und Geschichten. Niedernhausen: Falken-Verlag, 1981. S. 92–94. © 1981 Falken-Verlag GmbH, Niedernhausen/Ts.

133 JOHN BLOFELD: GRÜNER TEE UND OOLONG*.
J. B.: Das Tao des Teetrinkens. S. 169 f.

134 WERNER F. J. SCHMITT: WENN DER TEE NICHT SCHMECKT – EINIGE UNKONVENTIONELLE RATSCHLÄGE*.
W. F. J. Sch.: Tea. S. 130–133.

137 CURT MARONDE: WAS SAGEN DIE ÄRZTE ZUM TEE?
C. M.: Rund um den Tee. S. 53–55.

139 EISTEE.
Sabine Yi / Jacques Jumeau-Lafond / Michel Walsh: Lob dem Himmelstau. S. 182 f.

141 ANITA HÖHNE: KRÄUTERTEES FÜR JEDEN HAUTTYP.
A. H.: Schönheitstees, die Wunder wirken. Mit Rezepten von Dr. med. Leonhard Hochenegg. Genf/München: Ariston-Verlag, 1989. S. 31 f. © 1989 Ariston Verlag, Kreuzlingen/München.

142 AREND VOLLERS: TEE MIT SCHUSS – HEISS ODER KALT*.
A. V.: Tee. S. 92 f., 97, 110, 113 f., 107.

146 HEINZ VEJPUSTEK:
ACHT PRAKTISCHE HAUSHALTSTIPS MIT TEE.
H. V.: Informationen über Tee. S. 49–51.

147 TEEKONSUM IM ÜBERBLICK.
Nach: International Tea Committee, London: Annual Bulletin of Statistics. 1996. S. 123.

BILDNACHWEISE

18 Das Tee-Buch (»Ch'a King«) des Lu Yu von 780.

26 Kikikawa Eizan: Der Shin-Yoshiwara in Ogi-Ya. Linker Teil eines Farbholzschnitt-Triptychons, Japan, um 1812 (Wien, Österreichisches Museum für angewandte Kunst).

37 Ludwig Hohlwein: Marco-Polo-Tee. Farblithographie, um 1910 (Wien, Österreichisches Museum für angewandte Kunst). © 1997 VG Bild–Kunst, Bonn.

40 Jan Anton Garemijn: Vieruhrtee (Het Vieruurtje). Öl auf Leinwand, 1778 (Brügge, Stedelijke Musea; Ausschnitt).

45 Teekanne. Auftragsporzellan mit chinesischen Motiven, um 1770/80. Mit Genehmigung von Arend Vollers, Weyhe.

52 Kitagawa Utamaro: Szene aus dem Kabuki-Drama »Kanadehon Chûshingura«. Farbholzschnitt, um 1800 (Kunsthalle Bremen). – Die Szene zeigt Rikiya und seine Verlobte Konami mit der Dienerin Suki, die den Tee bringt.

61 Johann Heinrich Tischbein: Portrait seiner ersten Gattin Marie Sophie Tischbein, 1756 (Kunstmuseum Bern, Gottfried-Keller-Stiftung).

82 Aubrey Beardsley: Illustration zu »The Rape of the Lock« von Alexander Pope, 1896.

100 Holländische Teereklame aus dem späten 19. Jahrhundert (Rotterdam, Museum Boymans–van Beuningen).

109 Beim Sortieren des Tees. Aus einer Serie von 32 Aquarellen, China, 18. Jahrhundert (Wien, Österreichische Nationalbibliothek).

113 Kaufmannsdose mit Scharnierdeckel, Anfang 20. Jahrhundert; Höhe 35,5 cm (Wien, Sammlung Demmer).

117 Englisches Teefrühstück. Kolorierter Stahlstich, 19. Jahrhundert (Ausschnitt). Mit Genehmigung von Arend Vollers, Weyhe.

Umschlag: Teepflanze, Teedose (zweite Hälfte 18. Jahrhundert). Mit Genehmigung von Arend Vollers, Weyhe.

TEE

RECLAMS KULINARISCHE REIHE